【资助项目】
国家社会科学基金一般项目（18BJY240）

沪港股市波动的关联性研究

THE INTERCONNECTEDNESS OF SHANGHAI AND HONG KONG STOCK MARKETS' VOLATILITY

林文生◎著

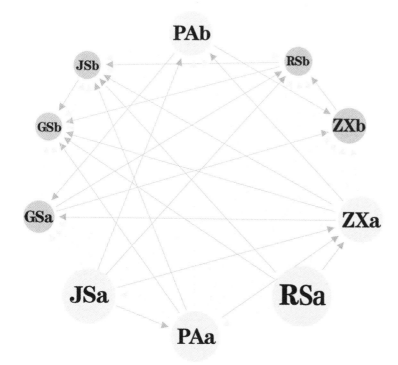

经济管理出版社
ECONOMY & MANAGEMENT PUBLISHING HOUSE

图书在版编目（CIP）数据

沪港股市波动的关联性研究 / 林文生著. -- 北京：
经济管理出版社，2025. -- ISBN 978-7-5243-0237-7

Ⅰ. F832.51

中国国家版本馆 CIP 数据核字第 2025KT7688 号

组稿编辑：王玉林
责任编辑：高　娅　王玉林
责任印制：许　艳
责任校对：王淑卿

出版发行：经济管理出版社
　　　　　（北京市海淀区北蜂窝 8 号中雅大厦 A 座 11 层　　100038）
网　　址：www.E-mp.com.cn
电　　话：（010）51915602
印　　刷：北京市海淀区唐家岭福利印刷厂
经　　销：新华书店
开　　本：720mm×1000mm/16
印　　张：11.75
字　　数：205 千字
版　　次：2025 年 6 月第 1 版　　2025 年 6 月第 1 次印刷
书　　号：ISBN 978-7-5243-0237-7
定　　价：88.00 元

前　言

围绕研究主题"沪港股市波动的关联性研究"，本书主要通过沪港股市波动的测度、波动溢出的线性和非线性度量，以及基于两市波动关联性测度结果的对冲和投资组合策略，对沪港股市波动进行全面而深入的研究。

本书涉及的主要内容和问题包括沪港股市波动的测度及其统计概述、沪港股市之间的波动溢出是否存在及其方向性如何识别、沪港股市之间波动溢出大小的测度、沪港股市行业层面的波动溢出大小测度，以及沪港股市波动关联性测度结果的应用（包括波动溢出指标对沪市波动的预测表现、基于波动关联度的对冲和投资组合策略优化）。本书共分为 9 章，各章研究内容、研究方法和相关结论概述如下：

第 1 章为绪言。本章对本书的研究背景作了介绍，并概述迄今为止国内外相关研究的进展和不足，进而指出本书研究的意义和基本研究框架。

第 2 章为沪港股市波动的测度。本章总结了目前国内外股市波动的测度方法，采用了收益率的绝对值（Absolute Return）、极差年化波动率（Annualized Ranged Volatility）、条件波动率（Conditional Volatility）和已实现年化波动率（Annualized Realized Volatility）四种较常见的股市波动测度方法，对沪港两市的波动进行了测度和比较，并基于 Hansan 检验和迭代累积平方和（ICSS）算法对沪港股市波动的结构断点分别作了考察。研究的主要结论为：四种波动大小的衡量指标存在差异，但波动时序的演变过程总体类似。而统计常规检验结果表明，如果考虑了断点，沪港股市的波动率指标的平稳特征具有略高的显著性。断点检验和单位根检验的结果显示，沪港市场的波动率指标是稳定的，但数据在演变过程中存在结构性断点，这初步验证了非线性建模的合理性，马尔科夫区制转换模型是本书衡量沪港股市波动关联性及其非对称性效应的主要非线性研究框架之一。

第3章为沪港股市波动的线性和非线性以及傅立叶因果检验。本章旨在考查沪港两市是否存在波动的因果关系以及因果关系的方向性和时变特征。本章采用了线性和非线性以及傅立叶因果检验方法。其中，线性因果检验主要采用基于向量自回归（VAR）模型的传统格兰杰（Granger）因果检验方法；而非线性因果检验则采用马尔科夫区制转移向量自回归（MS-VAR）模型，研究了不同波动区制下的两市因果关系。研究还考虑了波动关联性的非对称溢出效应，即负面扰动信息带来的波动溢出效应比正面扰动信息带来的波动溢出效应更大。此外，本章基于滚动窗口方法研究了两市波动关联因果关系的时变特征。并且，鉴于波动断点的存在，本章采用了傅立叶因果检验方法对两市波动因果关系作了进一步的考查。

第4章为基于BEKK-MGARCH类模型的沪港两市波动因果关系。本章主要针对波动指标是沪港两市的条件波动，首先基于修正的ICSS算法和ARMA-BEKK-t-aGARCH模型，重点研究了沪港通之后两地股市之间的波动断点和波动关联性。研究认为，沪市在沪港通之后的全样本期间出现了波动的结构断点，并且考虑了波动断点的模型拟合效果更佳。将波动结构断点纳入模型之后发现，存在由港市到沪市的较弱单向信息溢出ARCH效应和显著的双向GARCH效应。此外，针对两市波动溢出的非对称效应，本章基于NIS方法作了较为深入的探讨。

第5章为波动关联性大小度量方法介绍。自本章开始，本书开始将研究重点从波动溢出关系或因果关系是否存在及其方向性的识别延伸到波动关联程度的测度上。本章较为详细地介绍了波动关联性的测度方法，对传统时域上的DY溢出指数方法、频域上的BK溢出指数方法、区制加权的非线性溢出指数方法以及基于时变参数TVP-VAR-SV模型和向量分位自回归（QVAR）模型的溢出指数方法等都一一作了介绍，为后续章节的应用研究奠定了相关理论和方法论基础。

第6章为基于DY溢出指数方法的沪港股市波动关联性测度结果。本章基于传统的线性DY溢出指数方法，从静态和动态两个角度测度了沪港两市波动溢出的大小程度。其中，动态角度的研究结果表明，两市之间的波动关联性在沪港通之后有较为稳定的持续增强趋势。

第 7 章为沪港股市金融行业的波动关联性测度。本章研究从第 6 章的市场层面延伸到金融行业层面，并采用了时域上的 DY 溢出指数方法和频域上的 BK 溢出指数方法，使研究视角得到进一步拓展。本章采用沪港两市的极差波动测度结果，在时域和频域关联分析框架下，研究了沪港股市金融业的波动关联、传导网络和系统性风险。沪市金融业在样本期内总体上有更高的本市场波动关联和跨市场波动溢出。沪市保险业和沪市证券业是主要的长期系统性波动传导者，两者的低频波动传导链较长且较强，而沪市银行业在短期波动关联中具有系统重要性。在动态演化过程中，当沪港两市较为平静时，两市金融业以短期波动关联为主，但港市金融业有相对较高的本市场长期波动关联；当两市波动较大时，两市金融业以较强的长期系统性波动关联为主，其中沪市保险业和证券业的长期波动溢出较大。以上结论通过频域内波动关联的动态分析得到进一步验证。

第 8 章为基于其他溢出测度方法的沪港股市波动溢出测度。本章采用基于时变参数 VAR（TVP-VAR）模型和基于 QVAR 模型的溢出指数方法，对沪港股市波动的关联性进行测度。结果表明，基于 TVP-VAR 模型的测度结果更能捕捉沪港两市之间波动溢出的时变特征，也能刻画出两者在波动溢出方向上的时变特征。而基于 QVAR 模型的溢出指数方法有助于考察两市在不同波动分位上的波动关联性，但发现分位水平上的两地股市波动溢出方向性无明显差异。

第 9 章为沪港股市之间的对冲和投资组合策略。自本章开始，本书将研究重点转变为基于沪港波动关联性的应用性拓展。本章 9.1 小节基于条件方差和协方差矩阵构建了沪港两市的对冲和投资组合策略。结果发现，沪港两市之间相关性的时变特征要求投资者适时调整对冲率和投资组合权重。其中，沪港通之后，两市利多或利空信息的不同组合对波动溢出和相关性的影响更为明显，值得投资者特别关注。当其中一个市场以利多信息为主、另一个市场以利空信息为主时，两市之间的波动溢出效应、非对称效应及相关性会更大；当两市信息皆为利空时，相关性会相对更小；而当两市信息都为利多时，两市相关性趋于最小。对此，投资者应根据两市信息特征和变化趋势，适时调整对冲和投资组合策略。本章的9.2 小节为区制依赖的沪港对冲与投资组合。本部分根据沪港股市波动的区制划分结果构建的 MS-GARCH 获取区制依赖的方差和协方差矩阵，首次提出了区制依赖的对冲和投资组合策略，这种组合策略在国内外学术界具有创新性。与传统的基于条件方差协方差矩阵的对冲和组合策略相比，本策略有更高的投资组合效率。本章的 9.3 小节为沪港行业的投资组合。本部分将沪港两市的投资组合研究从市场整体层面拓展到行业层面，从波动关联性层面拓展到行业系统性风险层面，从线性的行业风险关联研究拓展到区制依赖的非线性行业风险关联性研究。研究结合了 MS-VAR 模型和均值-CVAR 投资组合策略。研究将均值-CVAR 模型作为基准模型，通过剔除各自市场中净溢出最大的几个行业来构建投资组合。研究发现，无论是剔除单区制下还是多区制下的若干主要的沪港股市风险驱动行业，投资组合都出现了明显的优化，其中，剔除高低波动区制（基于 MS-VAR 模型）下的驱动行业之后的投资组合效果更佳，而剔除高波动区制下的投资组合最佳。

本书涉及较多的金融时间序列概念和计量模型，实证分析主要采用 WinRats 软件操作，部分章节给出了关键的软件操作代码，有误之处欢迎读者指正交流（chaucerli@ shu. edu. cn）。

最后，我要感谢国家社会科学基金委员会和上海大学悉尼工商学院在撰写本书过程中的支持，以及殷腾云、许露瑄、黄许俊安、时一博、谭棠、黄雅萱、谢一番、何奕墨和叶豪翔等在数据采集、文献整理及建模方面提供的帮助。

林文生

2024 年 12 月 31 日

目　录

1 绪言

1.1 研究背景

沪港通是我国沪港股票市场交易互联互通机制，于 2014 年 11 月 17 日正式开通，之后深港通于 2016 年 12 月 5 日正式实施，是深圳和香港股票市场交易互联互通机制。沪（深）港通是加强沪（深）港两地股市联系的重要举措，在我国内地资本市场逐步开放和国际化进程中具有里程碑式的历史意义。

沪港通的开通为上海和香港股票市场的投资者提供了共同的股票市场准入便利。自该机制实施以来，我国资本市场的开放取得了重大进展，其基本原理得到了最近研究的支持。例如，Zhang 等（2022）发现，该计划及其监管政策通过改善公司治理和提高信息透明度，降低了当地市场的股价暴跌风险。同样，Chen 等（2022）的研究表明，外国投资者的投资组合策略有助于抑制我国股市的收益波动。但应该注意到，全球各种信息扰动冲击的内向传播不可避免地会通过该机制的设施得到加强，凸显了波动的溢出效应和更高的金融传染风险，这实际上已经成为金融全球化过程中当地监管机构和跨市场投资者面临的一个现实问题，使本书研究的必要性显现。

在沪港通和深港通机制下，投资者可以在有一定约束条件下进行跨境风险对冲；两地股市共享信息的变化扰动同时影响内地和香港地区股市投资者的市场预期，这一方面促进了内地与香港地区股市的信息传递，另一方面也增强了两地股市波动的关联性。

逐步国际化是我国资本市场的改革方向和必然趋势。可以预见，未来内地和香港地区股市互联互通机制将会继续得到完善，交易区制中的现有约束将逐步放宽，两地股市之间的对冲将更加便利，信息传递和波动的关联性还会加强。显然，在我国资本市场逐步开放进程中，两地股市波动的关联将会呈现出时变性特征，甚至会有结构断点和出现非线性现象。鉴于此，在沪（深）港通的实施和变革过程中，内地和香港地区股市之间波动关联的时变性特征，值得学术界更多关注。考虑到深港通的实施时间较短，且沪市更具有代表性，本书将以沪港通为背景进行研究。

1.2　国内外相关研究概述

由于沪港通比深港通率先两年实施，因此目前关于我国内地和香港地区股市的相关性研究较多。以 2014 年 4 月沪港通试运行和 2014 年 11 月正式开通为时间点，可将沪港股市波动关联的时变性相关研究细分为三个阶段。考虑到股市之间的波动关联性是股市之间关联性研究的部分内容，我们将沪港股市波动关联性的研究文献和沪港股市关联性的其他研究文献一起梳理，以更全面地回顾相关研究内容和研究方法。

1.2.1　沪港通试运行之前：沪港股市波动的关联性受到初步关注

随着 QFII 制度（2002 年 11 月 5 日）和 QDII 制度（2006 年 4 月 13 日）的先后实施以及股权分置改革（2005 年 4 月 29 日）的推进，国内学者开始较多地关注内地股市与我国香港地区股市及国际股市的关联性。从沪港股市相关研究来看，在沪港通试运行之前，学术界的主要研究内容是两地股市之间的长期均衡和短期动态关系；两地股市波动的关联性开始受到关注，但波动关联的时间变化不是关注的重点，相关研究主要采用一阶矩分析方法，借助不变参数 VAR 模型，通过预测误差方差分解来考察两地股市之间的波动溢出是单向还是双向的。例如，吴世农和潘越（2005）考察了沪市与香港红筹股、H 股之间的长期均衡关系。唐齐鸣和韩雪（2009）研究认为，沪港股市之间存在港市对沪市的单项波动溢出关系。在此阶段，虽然有关沪港股市波动的时变关联性研究较少，但学术界已经认识到股市之间的波动关联性不是恒定不变的，而是随着时间推移会发生变化的。例如，陈王等（2011）采用含杠杆效应的多元 GARCH 模型和格兰杰因果检验研究认为，在 QDII 制度实施之后，沪市与港市及我国周边国家股市之间的条件波动关联性得到加强。

1.2.2 沪港通试运行至正式开通：以沪港通相关的定性分析为主

在较短时间里，学术界主要对沪港通的目的、意义和潜在风险等进行了定性探讨，研究视角较为散杂，基本不涉及沪港股市波动的时变关联性实证研究。

1.2.3 沪港通正式开启之后：以波动关联性为侧重点，更关注时变性，不涉及非线性

沪港通正式开启之后，较多的国内外学者关注了沪港股市的相关性，沪港股市波动的关联性成为研究侧重点，波动的时变关联性也受到更多关注，但时变关联性的研究范畴还有一定的局限性，研究基本聚焦在沪港通前后沪港股市之间波动溢出的方向变化上，并且基本没有涉及非线性。例如，冯永琦和段晓航（2016）采用 Granger 因果检验和 BEKK-GARCH 模型的研究表明，沪港通在一定程度上增强了两地股市的联动效应，沪市向港市的波动溢出效应得到了明显增强。Huo 和 Ahmed（2016）的研究兼顾了均值溢出效应和波动溢出效应，发现沪港通之后两地股市之间（尤其是从沪市到港市）的均值溢出和波动溢出都显著加强。Lin（2017）则重点研究比较了沪港通前后沪港股市之间波动关联性的差异和变化，认为沪港通之后两地股市波动的短期信息溢出效应有所加强，但更大的变化是波动溢出的持久性显著减弱。

1.3　对现有相关文献的评述

通过梳理沪港股市波动关联性的相关文献可知，国内外相关研究已经取得了一些重要成果。为了找到进一步研究的方向，下面主要描述已有相关研究的不足。

不足点主要为：波动关联的时变性研究范畴较为局限，并且没有涉及波动关联的非线性特点。

第一，现有文献较多地依赖多元 GARCH 模型来分析沪港股市之间的波动关联性，没有考察沪港两地股市的非条件方差是否存在结构断点，从而忽略了非条件方差的结构断点对 GARCH 模型估计参数和相关结论的影响。Lamoureux 和 Lastrapes（1990）认为，如果忽略了非条件方差的结构断点，那 GARCH 模型将会增强波动的持续性。Hillebrand（2005）认为，非条件方差存在结构断点，会导致 GARCH 过程也存在结构断点。

第二，现有相关研究主要通过计量模型相关参数的显著性来分析波动关联的有无和方向，没有相关的波动关联性衡量指标，难以说明波动关联性的大小、时变性。

第三，现有文献尚未考察沪港股市的波动关联性在不同波动区制下的差异。假如，将沪市或港市的波动分为不同的区制（如高波动和低波动两区制），并选择有代表性的时间点，可以比较不同区制下的两地股市波动关联性差异。因此，这也可以作为两地股市波动的时变关联性研究范畴。

第四，现有针对沪港股市波动关联性的计量研究方法可以得到进一步改进。现有与沪港股市波动关联性相关的文献一般都采用不变参数的线性 VAR 模型或基于异方差条件下的多元 GARCH 模型进行研究，时变参数模型和非线性模型没有得到充分应用。

第五，现有文献对研究的实践应用性不够重视。在沪港股市跨境投资的实践中，投资者需要根据两地股市关联性的动态变化及时地调整风险对冲和投资组合策略。对此，现有文献提供了不少有益的定性建议，但对投资者来说，仅有定性的探讨是不够的。

1.4 学术价值和实践意义

1.4.1 学术价值

相对于已有研究，本书的学术价值主要体现为：以沪港股市波动关联性为研究主题，以结构断点、时变参数和非线性为视角，借助相应的实证研究方法和计量手段，拓展了波动关联的已有时变性研究范畴，并且增加了波动关联的非线性研究，是对已有沪港股市波动关联性研究的有益补充。

针对1.3中现有文献的不足之处，本书将分别予以针对性的改进，具体如下：

第一，将分别检验沪市和港市非条件方差的结构断点，为进一步研究奠定基础。针对非条件方差的结构断点检验，Inclan 和 Tiao（1994）提出了修正的 ICSS 算法。本书将对沪港股市各自非条件方差的结构断点进行检验，并将波动结构断点检验结果纳入 GARCH 模型，所得的条件方差要比没有纳入波动结构断点检验结构的 GARCH 所得条件方差更加可靠。

第二，参考 Diebold 和 Yilmaz（2012）提出的波动溢出指数，将估计沪港之间的波动溢出指数作为衡量波动关联性大小的指标。之后，通过滚动窗口期方法，可获得沪港股市的波动溢出指数时间序列，据此获得波动的时变关联性信息。

第三，以非线性为视角，将考察沪港股市在不同波动区制下的波动关联性。考虑把波动分为不同区制（如高波动和低波动两区制），并借助 TVP－VAR－SV 模型（残差随即波动的时变参数向量自回归模型），选择有代表性的时间点，在不同区制下探讨沪港股市波动的关联性变化，以此增加沪港股市波动的时变关联性研究维度。

第四，构建并评估沪港股市间的对冲和组合投资策略，供跨市场的投资者参考。

1.4.2 实践意义

本书对沪港股市监管和跨境投资者都有一定的应用参考价值。对管理部门来说，研究沪港股市的波动关联性在时间上的动态变化，有助于两地管理部门实时监控两地股市相互连通后的风险状态，并选择适当的时点进一步推动互联互通机制改革，以及成为继沪港通之后我国资本市场进一步国际化的重要参考。

本书将把非条件方差的结构断点检验结果纳入 GARCH 模型，以获取更为准确的条件方差和协方差矩阵，据此构建并评估两地股市之间的风险对冲和组合投资策略，这有助于跨市投资者更好地把握沪港通之后两市波动关联特征，优化对冲和投资组合策略。

1.5　总体研究框架

沪港股市之间的波动关联性主要包括波动关联的时变性和非线性两个方面。本书的总体框架为：

（1）基于非条件方差结构断点检验和 BEKK-GARCH 模型，研究沪市和港市波动关联性，并进行对冲和投资组合策略研究，以及对沪港两地跨市投资者和市场管理者提出建议。这部分研究将使用 Inclan 和 Tiao（1994）提出的修正 ICSS 算法，来检验沪市和港市收益的非条件方差结构断点，并将 ICSS 检验结果纳入 BEKK-GARCH 模型，通过构建 ICSS-BEKK-GARCH 模型来作波动关联性分析，且与不含 ICSS 检验的 BEKK-GARCH 模型下的分析结果作比较。

（2）基于波动溢出指数时序，分析沪港股市波动关联的时变性特征。基于 ICSS-BEKK-GARCH 模型获取条件方差，构建条件方差的 VAR 模型，或基于已实现波动并结合 ICSS 断点检验，借助传统线性溢出指数方法（DY 溢出指数方法）通过滚动窗口期得到波动溢出指数时序，并根据波动溢出指数时序，来分析沪港股市波动关联的时变性特征，且与不含 ICSS 检验的分析结果作比较。

（3）基于 MS-VAR 模型和 TVP-VAR-SV 模型来做时变性和非线性波动关联

性研究。以 ICSS-BEKK-GARCH 模型下获得的沪市和港市的条件方差为变量或基于已实现波动，构建 MS-VAR 模型，并识别沪市、港市及其他国际股市波动的高区制和低区制，以及各区制的划分时间点。同时，以沪市和港市的条件方差为变量或基于已实现波动，构建参数时变且残差服从随机波动的时变向量自回归（TVP-VAR-SV）模型。之后，采用区制转换溢出方法和时变参数溢出指数方法，来研究沪港股市的时变性和非线性波动关联性。这部分研究也可与不含 ICSS 检验的分析结果作比较。

（4）基于正向和负向波动（Semi-Variance）并根据沪港股市波动关联的杠杆效应（也称波动溢出的非对称效应），来考察其对波动预测的增益表现。

（5）根据沪港股市波动关联的时变性和非线性分析，对监管部门提出政策建议。

2 沪港股市波动的测度

2.1 波动测度方法概述

本书采用四种较常见的股市波动测度方法：收益率绝对值、极差年化波动率、条件波动率和已实现年化波动率。针对沪市波动的测度，本章采用上证综合指数（SSECOMP）。前三种测度采用 2000 年 1 月 3 日至 2023 年 8 月 23 日的日度数据，原始数据来源于 Wind 数据库。其中，收益率绝对值为每日收盘价的对数收益率绝对值（百分比值）。参考 Garman 和 Klass（1980），极差波动可计算如下：

$$\tilde{\sigma}_{it}^2 = 0.511(H_{it}-L_{it})^2 - 0.019[(C_{it}-O_{it})(H_{it}+L_{it}-2O_{it})-2(H_{it}-O_{it})(L_{it}-O_{it})] -$$
$$0.383(C_{it}-O_{it})^2 \tag{2.1}$$

其中，H_{it}、L_{it}、O_{it} 和 C_{it} 分别为每股的每日最高价、最低价、开盘价和收盘价（对数值）。相应的极差年化波动率为 $\hat{\sigma}_{it} = 100\sqrt{365 \cdot \sigma_{it}^2}$。与基于日内高频数据计算的已实现波动相比，极差波动在信息效率方面与之相近，同样能反映日内信息，但不受微观市场的噪声影响，而且极差波动基于日频行情数据即可计算，更具可操作性。关于极差波动更详细的介绍可参考 Alizadeh 等（2002）的研究。

条件波动率是采用每日对数收益率、基于单元 GARCH 模型估计所得。针对沪市已实现波动率，本章使用 SSECOMP 日内 5 分钟高频数据计算的已实现波动率，即日内收益的累积平方和来表示，详细的算法参见 Barndorff-Nielsen 和 Shephard（2002）。由于数据的可得性所限，已实现波动率的计算样本期为 2000 年 1 月至 2022 年 4 月，原始数据来源为 https：//realized. oxford-man. ox. ac. uk 数据库。

2.2　沪市波动的测度

2.2.1　沪市波动的测度结果

按照概述中描述的四种常见的股市波动测度方法，图 2-1 依次给出了沪市波动的四种测度结果。图 2-1 显示，波动的四种测度结果是非常类似的（如果不考

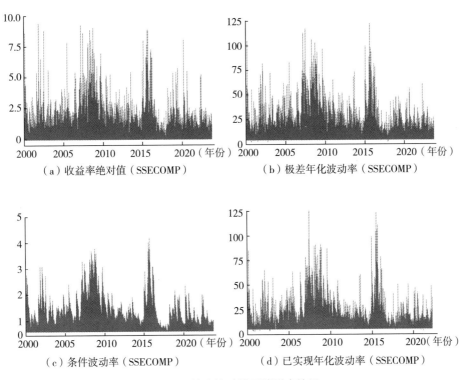

（a）收益率绝对值（SSECOMP）　　　（b）极差年化波动率（SSECOMP）

（c）条件波动率（SSECOMP）　　　（d）已实现年化波动率（SSECOMP）

图 2-1　沪市波动的四种测度结果

虑不同刻度水平的话），变动过程大致相同，都具有很强的时变性和跳跃性特征。从时变性特征来看，沪市在 2008～2009 年和 2015 年波动最大；在 2010～2012 年、2018～2019 年及 2020～2022 年也有较强的短期跳跃上升。显然，沪市波动水平在经济金融或其他重大事件发生时会有较大的提升，体现出较强的事件相关性。同时，在金融危机等坏消息的冲击下，沪市波动有更明显的加强，体现出波动的杠杆效应或非对称效应。

2.2.2 沪市波动的统计概述

为了具体地描述沪市波动的统计特征，表 2-1 给出了沪市在四种波动测度方法下的统计概述和基本检验结果。表 2-1 显示，沪市波动中的收益率绝对值和基于 GARCH 模型所得的条件波动率的均值和方差较为接近，而极差年化波动率和已实现年化波动率的均值和方差水平类似。同时，沪市在四种波动测度方法下都在 1% 的显著水平下有偏度并且存在超额峰度，呈现金融数据常见的尖峰厚尾特征，从而 JB 检验结果为不服从正态分布。ERS 检验表明，在 1% 的显著水平下拒绝存在 1 个单位根的原假设，为平稳数据，符合一般性的回归要求。Ljung-Box 检验结果则表明，沪市在各类波动测度方法下都存在很强的自相关性和异方差特征。

表 2-1　沪市在四类波动测度方法下的统计概述和基本检验

指标	收益率绝对值	条件波动率	极差波动率	已实现波动率
均值	1.024	1.415	19.607	19.699
方差	1.207	0.365	177.855	157.410
偏度	2.587***	1.427***	2.334***	2.307***
超额峰度	10.222***	1.972***	8.158***	8.501***
JB 检验	31878.572***	2923.648***	21457.894***	22330.912***
ERS 检验	-7.048***	-6.031***	-7.357***	-12.885***
Q (10)	1279.029***	29221.807***	7712.319***	14029.957***
Q^2 (10)	712.636***	28440.804***	4972.347***	8709.652***

注：极差波动率和已实现波动率都取值为年化值。ERS 检验为单位根检验（Elliot et al., 1996）。*** 表示 1% 的显著性水平。JB 检验为 Jarque-Bera 正态分布检验。Q (10)、Q^2 (10) 分别表示滞后 10 期的自回归残差及其平方的自相关显著性的 Ljung-Box 检验。

2.3 港市波动的测度

2.3.1 港市波动的测度结果

针对港市波动的测度，这里采用恒生指数（HSI）。类似于沪市波动的测度，按照概述中描述的四种常见的股市波动测度方法，图 2-2 依次给出了港市波动的四种测度结果。图 2-2 显示，和沪市波动的测度结果一样，港市在四种波动测度方法下的测度结果是非常类似的（如果不考虑不同刻度水平的话），变动过程大致相同，都具有很强的时变性和跳跃性特征。从时变性特征来看，港市在 2008~2009 年和 2015 年的波动最大；在 2010~2012 年、2018~2019 年及 2020~2022 年

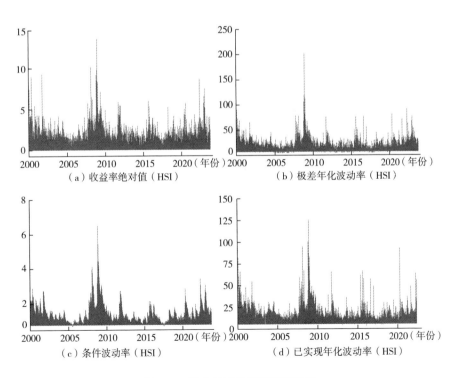

图 2-2 港市波动的四种测度结果

也有较强的短期跳跃上升。显然，港市波动水平在经济金融或其他重大事件发生时会有较大的提升，体现出较强的事件相关性。同时，在金融危机等坏消息的冲击下，港市波动有更明显的加强，体现出波动的杠杆效应或非对称效应。

然而，与沪市相比，在四种测度方法下，除了 2008 年全球金融危机时，港市其余时段的波动水平都要持续更低，说明总体而言港市作为国际性股市更为成熟和稳定。

2.3.2 港市波动的统计概述

为了具体地描述沪市波动的统计特征，表 2-2 给出了港市在四种波动测度方法下的统计概述和基本检验结果。表 2-2 显示，港市波动中的收益率绝对值和基于 GARCH 模型所得的条件波动率的均值和方差较为接近，而极差年化波动率和已实现年化波动率的均值和方差水平类似。同时，港市在四种波动测度方法下都在 1% 的显著水平下有偏度并且存在超额峰度，呈现金融数据常见的尖峰厚尾特征，从而 JB 检验结果为不服从正态分布。ERS 检验表明，在 1% 的显著水平下拒绝存在 1 个单位根的原假设，为平稳数据，符合一般性的回归要求。Ljung-Box 检验结果则表明，港市在各类波动测度方法下都存在很强的自相关性和异方差特征。

表 2-2　港市在四类波动测度方法下的统计概述和基本检验

指标	收益率绝对值	条件波动率	极差波动率	已实现波动率
均值	1.029	1.360	17.312	16.262
方差	1.125	0.356	78.742	105.472
偏度	2.913***	2.730***	2.995***	3.662***
超额峰度	16.951***	12.506***	17.815***	32.829***
JB 检验	78036.158***	45221.296***	84324.205***	274790.275***
ERS 检验	-13.755***	-5.148***	-6.873***	-10.244***
Q（10）	1797.514***	30158.839***	14148.416***	7265.605***
Q^2（10）	2252.435***	29313.698***	8590.390***	3449.720***

注：极差波动率和已实现波动率都取值为年化值。ERS 检验为单位根检验（Elliot et al., 1996）。*** 表示 1% 的显著性水平。JB 检验为 Jarque-Bera 正态分布检验。Q（10）、Q^2（10）分别表示滞后 10 期的自回归残差及其平方的自相关显著性的 Ljung-Box 检验。

2.4 沪港两市波动的结构断点检验

2.4.1 股市波动断点的检验简介

2.4.1.1 Nyblom 检验和 Hansen 检验

GARCH 模型的均值等式和方差等式估计所得参数的稳定性，对于我们的研究结论稳健性至关重要。考虑到 GARCH 模型是非线性的，其对数似然是数据的递归函数，不适合进行标准的 Chow 型稳定性检验。为了考察参数模型的稳定性，我们采用 Nyblom（1989）提出的检验方法。基于该方法，对于参数估计收敛的最大似然估计，对数似然梯度的时变成分在整个样本中累积为零。该方法着眼于累积梯度的变化，在模型稳定时其形状类似于布朗桥，主要观察其变化是否与之显著不同。

Hansen（1992）提出了类似于 Nyblom 检验的波动稳定性方法，认为可以根据 $\hat{\mu}_t^2 - \sigma^2$ 部分来检验线性回归残差波动的稳定性，如果采用最大似然估计获取波动，那么在样本期内该部分之和累积为零。

2.4.1.2 修正的 ICSS 算法检验

ICSS 算法是 Inclan 和 Tiao（1994）提出的，是专门针对波动断点或稳定性的检验方法。我们采用修正的 ICSS 算法，根据 5% 的显著水平，来检验沪市和港市指数收益的非条件方差结构断点。修正的 ICSS 算法是 Sansó 等（2004）在 Inclan 和 Tiao（1994）提出的 ICSS 基础上进行改进的，修正的 IT 统计量（以下简称 AIT）为：

$$AIT = SUP_K \mid T^{-0.5} G_K \mid \tag{2.2}$$

由于修正的 ICSS 算法克服了原 ICSS 算法中的独立同分布假设的局限性，有助于避免金融时间序列普遍存在的厚尾和波动持续性所导致的 ICSS 检验误差，因此被很多学者运用于金融领域的波动结构断点检验。例如，杨继平等（2012）、袁鲲等（2014）运用修正的 ICSS 算法验证了我国股票市场存在波动结构断点；

Charles 和 Darné（2014）认为，重大事件相关的异常值会导致波动结构断点，在模型构建中如果考虑了这些结构断点，则有助于获得对市场波动的正确认识；Walid 等（2016）采用修正的 ICSS 算法检验了美国及金砖五国的股市波动结构断点，并借此研究了波动溢出效应。

2.4.2　数据介绍和初步统计分析

作为阶段性研究，我们采用 SSECOMP 和 HSI 每日收盘价，选取沪港通开始试运行的 2014 年 4 月 10 日至 2018 年 4 月 27 日为分析样本，数据来源于 Wind 数据库。删除不同工作日的数据之后，共获得 938 个观察值。RS 和 RH 均为指数对数值一阶差分后的百分比值，分别表示上海和香港股市的指数收益率。由于上海和香港同属一个时区，而且开盘时间只差半小时，因此两市股指所包含的信息在时间上基本同步，两市之间的相关性不受开盘时间差异的影响①。

表 2-3 给出了沪港股指收益率（全样本）的描述性统计特征和基本检验。沪港通之后，RS 和 RH 的均值都接近零，RS 的均值和标准差都高于 RH 的均值和标准差。各样本期间的非零偏度和超额峰度（大于 3）说明 RS 和 RH 都不服从正态分布，JB 检验则显示在 1% 的显著水平下拒绝 RS 和 RH 服从正态分布的原假设。滞后 5 期和 10 期的 Ljung-Box 检验结果显示，RS 和 RH 在 1% 的显著性水平下都不存在自相关，呈现出较明显的随机过程特征。收益率平方的 Ljung-Box 检验结果显示，RS 和 RH 都具有波动持久性。此外，由 ADF 和 KPSS 检验统计值可知，RS 和 RH 都为 I（0）变量，可直接用于模型估计。

表 2-3　沪港股指收益率的统计概述与检验

指标	RS	RH
均值	0.050	0.026
标准差	1.534	1.081
偏度	−1.265	−0.470
峰度	7.403	3.024
JB 检验	2392.120***	391.959***

---

① Martens 和 Poon（2001）认为，股市开盘时间的不一致会影响股市之间的相关性。

指标	RS	RH
Q（5）	8.741	5.668
Q（10）	11.505	9.542
Q^2（5）	282.472***	87.722***
Q^2（10）	391.506***	128.559***
ADF	-10.516***	-23.438***
KPSS	0.248	0.093

注：表中的均值和标准差都为百分比值。JB 检验为 Jarque-Bera 正态分布检验。Q（5）和 Q（10）、Q^2（5）和 Q^2（10）分别表示滞后 5 期和滞后 10 期的指数收益率、指数收益率平方的 Ljung-Box 残差自相关检验。*** 表示 1% 的显著性水平。

  作为后文分析的基础性参考，图 2-3 给出了沪港股市收益率在沪港通之后的滚动非条件标准差和南向、北向资金占比①，滚动窗口期为 50 天。图 2-3 显示了以下几个初步结论：

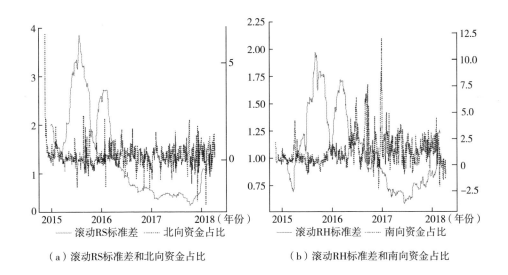

（a）滚动RS标准差和北向资金占比   （b）滚动RH标准差和南向资金占比

图 2-3　滚动非条件标准差和南向、北向资金占比

注：图中的标准差采用左纵坐标，资金占比采用右纵坐标。

---

  ① 北向和南向资金额的数据来自东方财富 Choice 数据库，资金占比为北向和南向资金额分别与 SSECOMP 和 HSI 市场交易总额之比。

（1）在沪港通之后的样本期内，如果忽略刻度大小，那么两地股市波动的时间变化很相似，说明两地股市的波动关联性不宜被忽略。

（2）沪港股市波动都呈现出较明显的结构断点特征，这有待于进一步检验。

（3）从沪港股市波动和沪港通相关的北向、南向资金占比的时序变化来看，如果沪港股市波动有结构性断点，那么沪港通交易额度的变化不是导致波动结构断点的决定性因素，沪港股市波动的高低变化与沪港通的北向、南向资金额占比的高低变化看起来不具有关联性：两地股市波动有较明显的结构变化，而北向和南向资金占比（绝对值）一直都较低（除了少数日期），其中北向资金占比通常低于2%，南向资金占比一般低于3%。在2016年底取消了沪通股和港通股交易总额限制之后，资金占比及其变化有所提升，但2016年底之后同期的两市波动都较低。

2.4.3 沪市基于修正的 ICSS 算法的非条件方差断点检验

表2-4给出了针对沪市的波动断点检验结果（全样本）。在5%的显著水平下，基于修正的 ICSS 算法检验得到了两个沪市收益的非条件方差结构断点，其中第一个断点（2014年11月18日）为沪港通正式开通日后的第1天。第二个断点则和与沪港通没有直接相关的较大政策或事件有关，较大事件包括：2016年2月29日之后沪港两市相对平静，始于2014年底的沪市持续高波动期基本结束；上海证监局对大型做市商的严格违规处理也起了良好的市场警戒作用，推动了之后的沪市正常运行。而在所选取的样本期内，针对港市的波动断点检验显示有0个断点，这也许与样本期内港市整体波动相对较低有关。

表2-4　SSECOMP 收益的非条件方差结构断点检验（全样本）

断点	事件
2014 年 11 月 18 日	2014 年 11 月 17 日沪港通正式开通
2016 年 2 月 29 日	始于 2014 年底的沪市持续高波动期基本结束 2016 年 3 月 1 日 IPO 注册制开始执行 2016 年 2 月 29 日做市商"国泰君安"被暂停做市业务

我们选用 SSECOMP 2000 年至 2023 年 8 月的日度数据，采用三种方法来更

加详细地检验沪市波动的稳定性或断点。

首先，由于均值估计可以是仅包含截距项的简单回归，因此针对沪市对数收益率回归结果的 Hansen 稳定性检验结果如表 2-5 所示。显然，沪市均值不存在断点，但方差检验以及方差和均值联合检验都显示在 1% 的显著水平下存在断点，表明沪市方差不具有稳定性。

表 2-5　沪市均值与方差 Hansen 稳定性检验

检验	统计值	P 值
方差和均值联合检验	6.220	0.00
方差检验	5.926	0.00
C（均值）	0.077	0.70

其次，采用 Nyblom 检验方法，基于 GARCH 模型作进一步检验。表 2-6 给出的是简单 GARCH 模型的估计结果。根据 BIC 信息法则选择结果，该模型的均值等式中的参数只含截距项，而方差等式中的参数含有截距项以及 ARCH 项和 GARCH 项（分别表示沪市扰动信息冲击下的短期效应和持续性）。表 2-7 则给出各参数稳定性的 Nyblom 检验结果，也给出所有参数的联合稳定性检验结果。结果显示，除了方差等式的截距项，其他参数在 10% 的显著水平下能够接受参数稳定的原假设，这表明沪市均值不存在断点，而其方差具有不稳定性，主要体现在方差等式的截距项。该结果与 Hansen 检验结果类似。各参数的对数似然的梯度分别表示为 DD1~DD4，相应的各参数累积梯度分别表示为 CDD1~CDD4。根据累积梯度，我们可以考察各参数稳定性的时变特征。

表 2-6　沪市 GARCH 模型的估计结果

指标	系数	t	p
C_1	0.019	1.303	0.19
C_2	0.018	5.102	0.00
A	0.080	12.267	0.00
B	0.916	143.078	0.00

注：表中的 C_1 和 C_2 分别为均值等式和方差等式的截距项。

表2-7　沪市 GARCH 模型的估计参数的 Nyblom 检验

指标	统计值	p
联合参数	1.026	0.12
C_1	0.049	0.87
C_2	0.493	0.04
A	0.231	0.21
B	0.308	0.13

关于沪市波动恒定性的时变特征，可以根据沪市 GARCH 模型各参数的累积梯度作进一步考察。图2-4 为各参数的累积梯度时序。图2-4 显示，沪市收益均值的稳健性相对较高，其累积梯度围绕 0 上下波动，其变化过程有较为明显的布朗桥特征。比较之下，方差等式各参数的累积梯度有一定的类似性，都在 2015年陡然下降，而之前为总体持续上升，该特征在方差等式的截距项、ARCH 项及 GARCH 项的累积梯度（CDD2、CDD3 及 CDD4）上更为明显。

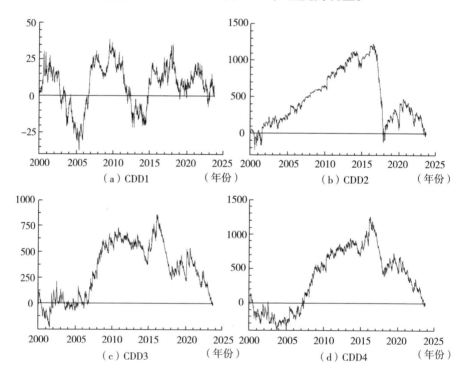

图2-4　沪市 GARCH 模型参数的累积梯度（CDD）时序

更进一步地，我们采用修正的 ICSS 检验方法对沪市进行检验，并根据检验结果，将全样本分割成若干分样本。ICSS 检验结果显示共有 15 个断点，如图 2-5 所示。

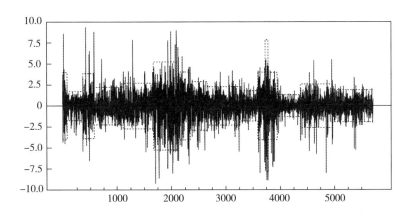

图 2-5　沪市收益率（RS）与波动的断点分布（基于修正的 ICSS 检验）

注：图中的上下两条虚线为全样本均值加或减各断点分样本的 3 倍标准差。

2.4.4　沪市基于 GARCH 模型和 GARCH（0，0）-ICSS 模型的条件波动估计比较

为了比较 ICSS 检验所得的断点对条件波动的估计结果，我们选用 ICSS 检验得出的 15 个断点构建 15 个断点分样本虚拟变量加入 GARCH 模型的方差等式，构建 GARCH（0，0）-ICSS 模型［ARCH 和 GARCH 的系数都设定为 0 进行估计，并与传统的 GARCH（1，1）模型进行比较］。表 2-8 给出了沪市 GARCH（0，0）-ICSS 模型的估计结果，表 2-9 给出了沪市该模型的各参数稳定性的 Nyblom 检验结果，显然，联合参数和单个参数的 Nyblom 检验都表明 GARCH（0，0）-ICSS 模型是稳定的。

表 2-8　沪市 GARCH（0，0）-ICSS 模型的估计结果

指标	系数	t	p
C_1	0.019	1.380	0.168
C_2	0.908	16.585	0.000

续表

指标	系数	t	p
SS（1）	3.116	5.249	0.000
SS（2）	−0.153	−1.888	0.059
SS（3）	2.852	8.133	0.000
SS（4）	0.354	4.128	0.000
SS（5）	0.947	8.601	0.000
SS（6）	5.967	12.693	0.000
SS（7）	3.200	8.601	0.000
SS（8）	1.190	7.903	0.000
SS（9）	0.421	4.479	0.000
SS（10）	−0.098	−1.319	0.187
SS（11）	3.141	6.834	0.000
SS（12）	14.606	5.190	0.000
SS（13）	3.119	7.835	0.000
SS（14）	−0.480	−7.958	0.000
SS（15）	0.785	7.628	0.000

注：表中的 C_1 和 C_2 分别为均值等式和方差等式的截距项；SS（i）为断点虚拟变量。

表2-9　沪市 GARCH（0，0）-ICSS 模型的各参数稳定性的 Nyblom 检验

指标	统计值	p
联合参数	0.421	1.000
DD（1）	0.056	0.830
DD（2）	0.052	0.860
DD（3）	0.007	1.000
DD（4）	0.007	1.000
DD（5）	0.003	1.000
DD（6）	0.034	0.960
DD（7）	0.022	1.000
DD（8）	0.079	0.680
DD（9）	0.011	1.000
DD（10）	0.003	1.000
DD（11）	0.022	0.990

续表

指标	统计值	p
DD（12）	0.026	0.990
DD（13）	0.004	1.000
DD（14）	0.002	1.000
DD（15）	0.007	1.000
DD（16）	0.073	0.720
DD（17）	0.013	1.000

注：DD（i）为参数 i 的梯度。

我们选用累积对数似然值差额［GARCH（0，0）-ICSS 模型的累积对数似然值减去传统的 GARCH（1，1）模型的累积对数似然值］进一步比较两个模型的动态效果，结果如图 2-6 所示。显然，在大多数样本里，基于 ICSS 检验的 GARCH 模型的拟合效果要比传统的 GARCH（1，1）模型更好。然而我们也发现，少数时段（尤其是 2022 年后的时段）GARCH（0，0）-ICSS 模型的拟合效果不如传统的 GARCH（1，1）模型。

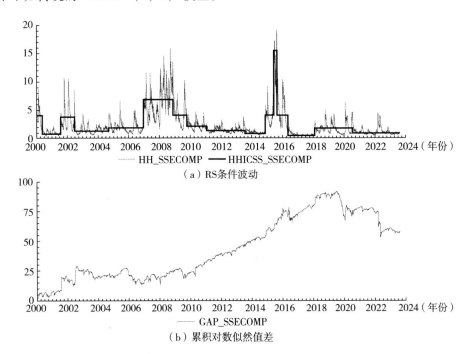

（a）RS 条件波动

（b）累积对数似然值差

图 2-6 基于 GARCH 模型和 ICSS 的 RS 条件波动以及累积对数似然值差

2.4.5　港市基于修正 ICSS 算法的非条件方差断点检验

我们使用 HSI 2000 年至 2023 年 8 月的日度数据，采用三种方法来更加详细地检验港市波动的稳定性或断点。

首先，由于均值估计可以是仅包含截距项的简单回归，因此针对港市对数收益率的回归结果的 Hansen 稳定性检验结果如表 2-10 所示。显然，港市均值不存在断点，但方差检验以及方差和均值的联合检验都显示在 1% 的显著水平下存在断点，表明港市方差不具有稳定性，和沪市类似也存在断点。

表 2-10　港市均值与方差 Hansen 稳定性检验

检验	统计值	P 值
方差和均值联合检验	3.173	0.00
方差检验	3.091	0.00
C（均值）	0.080	0.68

其次，我们采用 Nyblom 检验方法，基于 GARCH 模型作进一步检验。表 2-11 是简单 GARCH 模型的估计结果。根据 BIC 信息法则选择结果，该模型的均值等式中的参数只含截距项，而方差等式中的参数含有截距项以及 ARCH 项和 GARCH 项（分别表示港市扰动信息冲击下的短期效应和持续性）。表 2-12 则给出了各参数稳定性的 Nyblom 检验结果，以及所有参数的联合稳定性检验结果。结果显示，所有参数在 10% 的显著水平下能够接受参数稳定的原假设，这表明港市均值不存在断点，而其方差也具有不稳定性。该结果与 Hansen 检验结果并不一致。各参数的对数似然的梯度分别表示为 DD1～DD4，相应的各参数累积梯度分别表示为 CDD1～CDD4。根据累积梯度，我们可以考察各参数稳定性的时变特征。

表 2-11　港市 GARCH 模型参数的估计结果

指标	系数	t	p
C_1	0.037	2.509	0.01
C_2	0.018	4.971	0.00
A	0.062	11.526	0.00
B	0.929	151.280	0.00

注：表中的 C_1 和 C_2 分别为均值等式和方差等式的截距项。

表 2-12　港市 GARCH 模型参数的 Nyblom 检验

指标	统计值	p
联合参数	0.484	0.69
C_1	0.116	0.49
C_2	0.116	0.49
A	0.093	0.60
B	0.071	0.73

关于港市波动恒定性的时变特征，可以根据港市 GARCH 模型各参数的累积梯度进一步考察。图 2-7 为各参数的累积梯度的时序。我们主要关注累积梯度的坡度变化，持续上升时表明相关参数相对较大，反之则相对较小。收益均值参数的累积梯度（CDD1）和方差等式截距项的累积梯度（CDD2）变化大致相反，当收益均值累积梯度下降时（熊市）方差的截距项累积梯度则上升（波动更大），这表明港市受负面信息（坏消息）冲击比受正面信息（好消息）的影响更大，具有杠杆效应。而 ARCH 和 GARCH 参数的累积梯度较为类似，2008 年全球

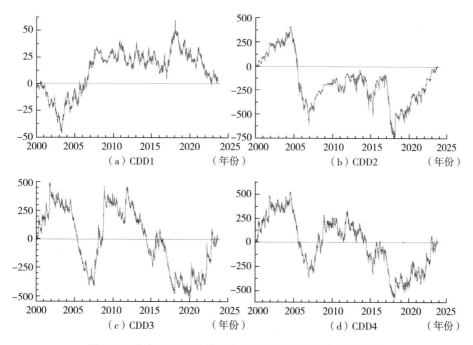

图 2-7　港市 GARCH 模型参数的累积梯度（CDD）时序

金融危机之后有大致下降的趋势，直至 2020 年又有一定的上升。总体而言，港市波动似乎有较多的断点区间但其持续性较短。

更进一步地，我们采用修正的 ICSS 检验方法对港市进行检验，并根据检验结果，将全样本分割成若干分样本。ICSS 检验结果显示共有 26 个断点，如图 2-8 所示。

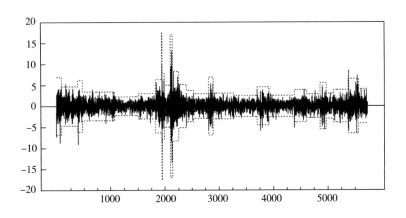

图 2-8 港市收益率（RH）与波动的断点分布（基于修正的 ICSS 检验）

注：图中的上下两条虚线为全样本均值加或减各断点分样本的 3 倍标准差。

2.4.6 港市基于 GARCH 模型和 ICSS 的条件波动估计比较

为了比较 ICSS 检验所得的断点对条件波动的估计结果，我们选用 ICSS 检验得出的 26 个断点构建 26 个断点分样本虚拟变量加入 GARCH 模型的方差等式，构建 GARCH（0，0）-ICSS 模型 ［ARCH 和 GARCH 的系数都设定为 0 进行估计，并与传统的 GARCH（1，1）模型进行比较］。

我们选用累积对数似然值差额 ［GARCH（0，0）-ICSS 模型的累积对数似然值减去传统的 GARCH（1，1）模型的累积对数似然值］ 比较两个模型的动态效果，结果如图 2-9 所示。显然，总体而言，在全样本里，基于 ICSS 检验的 GARCH 模型的拟合效果都要比传统的 GARCH（1，1）模型更好。该特征要比沪市的情况更为明显。对沪市而言，我们发现少数时段（尤其是 2022 年之后的时段）GARCH（0，0）-ICSS 模型的拟合效果不如传统的 GARCH（1，1）模型；然而，对港市而言，我们并没有发现类似的情况。

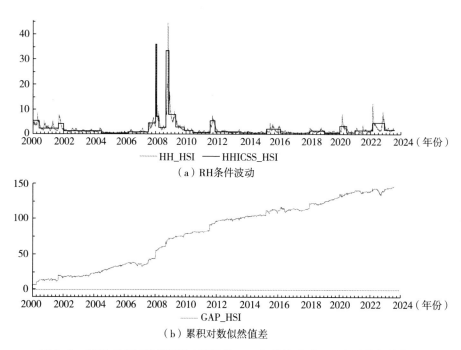

（a）RH条件波动

（b）累积对数似然值差

图2-9 基于GARCH模型和ICSS的RH条件波动以及累积对数似然值差

附录 ICSS 波动断点分析，WinRats 代码
（以沪市收益波动为例）

* Import the returns of RS and RH, the returns of Shanghai and Hong Kong stock markets

```
garch(p=1,q=1,derives=dd) / RS
@ flux
# dd


set cdd = dd(1)
```

```
acc cdd
graph(footer=" Accumulated Gradients on mean in GARCH(1,1)")
# cdd


set cddC = dd(2)
acc cddC
graph(footer=" Accumulated Gradients on mean in GARCH(1,1)")
# cddC


set cddA = dd(3)
acc cddA
graph(footer=" Accumulated Gradients on mean in GARCH(1,1)")
# cddA


set cddB = dd(4)
acc cddB
graph(footer=" Accumulated Gradients on mean in GARCH(1,1)")
# cddB


garch(p=0,q=0,reg,xreg,hseries=hhicss,likely=llicss) / RS
# constant
# xshifts


graph(footer=" Volatility Estimates from GARCH and ICSS", $
    overlay=step,ovsamescale) 2
# hh
# hhicss
```

3　沪港股市波动的线性和非线性以及傅立叶因果检验

3.1　因果检验方法简介

3.1.1　格兰杰（Granger）因果检验

Granger（1969）提出了一个基于预测误差的因果关系概念：如果使用过去的 y 和过去的 x 比仅使用过去的 y 可以更好地预测 y，那么 x 被称为 y 的格兰杰原因。这是一个看似次要的标准，告诉我们可以使用更受限制的模型来预测 y。然而，Sims（1972）证明了这等价于一个更重要的标准：x 不能格兰杰导致 y 当且仅当在 x 对 y 动态回归中在计量上是外生的。因此，"格兰杰原因"中的"格兰杰"现在基本被消除了，"原因"本身就意味着格兰杰原因，而外生性检验通常指的是（在适当的上下文中）不存在因果关系的检验。

除了在 y 对 x 和 y 的滞后的回归中对 x 的滞后的显著性检验（"Granger 检验"），还有几个 Granger 因果关系的检验。"Sims 检验"是对 Sims 论文中 Sims（1972）结果的直接检验：对 y 的滞后项、当前项和前瞻项进行回归 x，并检验 y 的前瞻项。然而，这很少被使用，因为它被发现过于频繁地拒绝非因果关系（检验的大小是错误的）。还有 Pierce Haugh 检验，它着眼于预白化（Pre-Whitened）

残差之间的互相关。由于相反的原因，它很快就被排除在考虑之外：它的效率非常低（此外，它需要额外的步骤将 ARIMA 模型拟合到每个序列中）。Geweke 等（1982）提出了第四个检验，即 GMD 检验，旨在通过在回归中用包括 X 的滞后项来纠正直接 Sims 检验的问题（x 回归在 x 的滞后项，以及 y 的滞后项、当期项和前瞻项上，然后检验 y 的前瞻项）。这很少被使用，因为它（显然）与更简单的格兰杰检验相比没有真正的优势。然而，尽管如此，它还是有一些真正的统计价值。

3.1.2 含单位根时序（非平稳数据）之间的因果关系

Sims 等（1990）分析了在部分或全部变量中存在单位根的情况下，线性回归中假设检验的行为。结果表明，大多数假设都具有"标准"渐近性，也就是说，通常使用 t（用于单个系数）和 F 或卡方进行联合检验是渐近合理的。然而，一个非常重要的例外是 Granger 检验——排除非平稳解释变量的所有滞后产生非标准渐近分布。它不仅是非标准的，而且实际上不可能以任何有意义的方式进行分析，因为它取决于整个系统的行为。然而，在实践中，它与标准分布没有太大区别，如果考虑到这一点，对零限制的压倒性拒绝将被推翻。

一种可能的处理方法是引导 Granger 检验。这通过只检验变量的滞后项或前瞻项的子集来避免非标准的渐近线（注意，GMD 检验颠倒了 Granger 检验中的因变量——为了检验 x 导致 y，用 x 的滞后项以及 y 的滞后项、当前项和前瞻项来回归 x，并检验 y 的前瞻项的显著性）。

此外，如果假设每个序列都有一个单位根，但系统中的变量之间没有协整，那么你可以对不同的数据进行检验（在存在协整的情况下，差分数据构建的 VAR 模型被错误地识别，但如果每个序列都有一个单独的单位根，则不会指定）。

需注意的是，很可能在"仔细"地进行检验之后得到几乎相同的结果——单位根对检验的影响是未知的，事实上可能相当小。

对此，Toda 和 Yamamoto（1995）提出了一个"非修复方案"。尽管文献中有很多这样的用法，但这只是一个糟糕的统计数据。简言之，它通过在 VAR 模型中添加"额外"滞后项来检验因果关系，然后检验不包括这些添加滞后项的零限制。这确实提供了一个检验，它（在零假设下）将具有正确的渐近分布，因为它没有检验非平稳变量的所有滞后项。然而，这并不是格兰杰因果关系的检验（需要检验所有滞后项）。先添加额外的滞后项，然后又不检验它们，潜在的因果关系就会转移到未检验的滞后项上。它将严重受到检验效率不足的影响，因为如果系数实际上不是零，鉴于单整过程是高度自相关的，"因果关系"将很容易转移到未经检验的滞后项。文献中出现的一个更糟糕的想法是自举 TY 检验。相对于实际的 Granger 检验，TY 检验的唯一"好"的特征是它具有标准的渐近性。

3.1.3 短期与长期的因果关系

如果 (x, y) 是平稳的，那么任何冲击对系统的影响最终都会消失。如果 x 导致 y，那么 $x(t)$ 帮助预测 $y(t+h)$ 的能力实际上为零 [事实上，即使是 $y(t)$ 本身也无助于预测 $y(t+h)$]。在这种情况下，任何因果关系必然是短期因果关系。

相反，如果 (x, y)（两者）都是非平稳的，那么通常（几乎）对系统的任何冲击都会产生永久性影响。如果 x 格兰杰导致 y，那么无论多大，$x(t)$ 将有助于预测任何 h 的 $y(t+h)$。这可以被认为是长期的因果关系。

然而，如果 (x, y) 是非平稳但协整的，那么可能只有短期因果关系。如果我们把 y 的等式写成纠错形式，则为：

$$\Delta y = \alpha(y_{t-1} - \beta x_{t-1}) + \zeta_{y1}\Delta y_1 + \cdots + \zeta_{yp}\Delta y_{t-p} + \zeta_{y1}\Delta x_1 + \cdots + \zeta_{yp}\Delta x_{t-p} + \varepsilon_t \tag{3.1}$$

然后 x 进入两个位置：在协整向量上的加载 α（如果 β 为零，两个序列首先不会被协整），以及其滞后差分上的 ζ 系数。因果关系的检验是一个联合检验，所有这些系数都是零，如果你拒绝，你会得出结论，从 x 到 y 有因果关系。检验长期因果关系只看 α。如果 $\alpha = 0$，则 x 帮助预测 y 的能力随着值的增大而减弱，且称 y 为弱外生。对于 β 来说，一个更完整的项是弱外生的——y 等式没有提供关于 β 的信息，因为所有保持 y 和 βx 彼此接近的调整都来自调整 x。

请注意，有些论文仅对 x 的滞后差分项进行了检验，并将其称为短期因果关系检验，这会使原假设和备选假设相混淆。"短期因果关系"是"因果关系而不是长期因果关系"的缩写。正确的检验是做一个联合检验，然后，如果得出的结论有因果关系，再检验 $\alpha = 0$，看是否有长期因果关系（无论整个检验的结果如何，都最好执行一下长期检验，因为如果存在大量滞后差分项，检验的能力可能会被稀释）。你还可以先检验 $\alpha = 0$，如果得出的结论认为没有长期因果关系，则检验施加 $\alpha = 0$ 的滞后差异（在没有误差校正项（ecm）的情况下运行回归）。没有联合检验和施加 $\alpha = 0$ 的滞后差分项检验，则没有用因果关系解释。

3.1.4 VAR-GARCH 模型中的因果关系

如果一个 GARCH 模型（或任何其他非线性模型）的均值模型采用 VAR 或 VECM 的形式，那么可以使用 Wald 检验来检验因果关系（均值！）。请注意，方差中可能存在因果关系（"其他"滞后残差影响方差），而平均值中没有因果关系。关于在 3 个或多个系统中检验因果关系的问题适用于此——在 3 个或更多个变量的系统中，从一个等式中的一个变量的滞后性中，无法得出太多结论。然而，如果它是双变量的，或者如果从一个更大的系统中排除了一个完整的块，即使是方差的 GARCH 模型，同样的基本解释也适用。

如果关注的是波动的因果关系，那么可以针对方差等式的交叉项的参数使用 Wald 检验来检验因果关系。同样，这仅适合两个变量构建的 VAR-GARCH 模型。

3.1.5 ARDL 模型中的因果关系

一些文献将 ARDL 等式中 x 的滞后值检验称为"Granger 因果关系"，表示为：

$$y_t = \alpha_1 y_{t-1} + \beta_0 x_t + \beta_1 x_{t-1} + \varepsilon_t \tag{3.2}$$

虽然它们看起来很相似（它们都在二元动态回归中检验滞后项），但实际上它们在限制序列的动态特性方面根本不相似。如果 x 和 y 的双变量 VAR 均表示为单变量自回归，且同时具有相关的残差扰动信息，则 ARDL 中的滞后 x 将具有非零系数，即使 x（根据定义）未能 Granger 因果关系 y。并且，如果 ARDL 中的滞后系数为零，那么几乎可以肯定的是，若当前 x 上的系数为非零，则 x 确实是 Granger 原因。因此，检验对因果关系没有任何影响。相反，它是对 ARDL 模型中特定系数的检验。

3.1.6 傅立叶因果检验

Granger（1969）将 VAR（p）模型定义为：

$$y_t = \gamma + \prod_1 y_{t-1} + \prod_p y_{t-p} + u_t \tag{3.3}$$

其中，y_t 是内生变量；γ 是截距项向量；$\prod = (\prod_1, \cdots, \prod_p)'$ 是参数，而不是白噪声残差。在本章，y_t 涉及沪市和港市的已实现波动时序。零假设是没有 Granger 因果关系（H_0：$\prod_1 = \cdots = \prod_p = 0$）的，可以借助呈 χ^2 分布、自由度为 p 阶的 Wald 统计量来检验。无 Granger 因果关系的 Wald 统计量不仅在当 VAR 模型中的变量为单整或协整时为非标准分布，且取决于干扰参数（Toda and Yamamoto，1995；Dolado and Lütkepohl，1996）。为了克服这些缺点，Toda 和 Yamamoto（1995）（以下简称 TY）采用变量的水平值而非差分值来估计 VAR（$p+d$）模型，其中 d 是变量水平值的最大单位根阶数。

式（3.3）基于以下假设：y_t 不存在任何结构断点，因此截距项 γ 在时间上是恒定不变的。Ventosa-Santaulária 和 Vera-Valdés（2008）证明了一个渐近解：如果变量生成过程中的断点在模型估计时被忽略，Wald 统计量将拒绝无因果关系的零假设。该结果被 Enders 和 Jones（2016）通过蒙特卡罗模拟所证明。他们指出，忽略 VAR 中的结构断点，将会导致 Granger 因果检验的扭曲。此外，他们发现它也倾向于过度拒绝原假设，除非对断点进行了被正确建模。因此，如果结构断点被忽略或未被正确考虑，标准的 Granger 因果关系推断可能会产生误导（Enders and Jones，2016）。

在 VAR 规范中，控制结构断点并确定断点的来源是困难的，因为一个变量的断点可能导致其他变量的断点（Ng and Vogelsang，2002；Enders and Jones，2016）。采用虚拟变量的方法是传统的办法，即将断点建模为一个尖锐的过程（如 Perron，1989；Zivot and Andrews，1992；Lee and Strazich，2003）。但是，很大一部分结构变化是渐进的。为了部分解决这一问题，Kapetanios 等（2003）采用了平滑过渡方法。这两种方法的核心问题在于，它们需要知道断点的作用形式和数量。为了解决这些问题，Fourier 近似法是一种基于灵活 Fourier 变换的方法 [Gallant，1981；用于捕捉结构变化（Becker et al.，2006；Enders and Lee，2012；Rodrigues and Taylor，2012）]。傅立叶近似不需要先验了解断点和捕获结构的形式和数量，并且将结构漂移视为渐进或平滑的过程进行捕捉。通过使用这种灵活性来简化位移形式的确定及估计 VAR 框架下的断点数量和日期，Enders 和 Jones（2016）、Nazlioglu 等（2016，2019）、Gormus 等（2018）在其研究中都采用了傅立叶近似的方法。

Nazlioglu 等（2016）使用傅立叶近似扩展了 TY 框架通过放宽截距项 γ 是随时间变化的常数的假设，并将 VAR（$p+d$）模型定义为：

$$y_t = \gamma(t) + \prod_1 y_{t-1} + \prod_{p+d} y_{t-(p+d)} + u_t \tag{3.4}$$

其中，截距项 $\gamma(t)$ 是时间函数，并且表示 y_t 中的任何结构变化。将结构变化视为一个渐进过程包含未知的断点日期、次数和形式，则 Fourier 近似可定义为：

$$\gamma(t) \cong \gamma_0 + \sum_{k=1}^{n} \gamma_{1k} \sin\left(\frac{2\pi kt}{T}\right) + \sum_{k=1}^{n} \gamma_{2k} \cos\left(\frac{2\pi kt}{T}\right) \tag{3.5}$$

其中，n 是频率数；γ_{1k} 和 γ_{2k} 是测量频率的振幅和位移。通过将式（3.5）代入式（3.4），可以得到：

$$y_t = \gamma_0 + \sum_{k=1}^{n} \gamma_{1k} \sin\left(\frac{2\pi kt}{T}\right) + \sum_{k=1}^{n} \gamma_{2k} \cos\left(\frac{2\pi kt}{T}\right) + \prod_1 y_{t-1} + \prod_{p+d} y_{t-(p+d)} + u_t \tag{3.6}$$

值得注意的是，一方面，n 的较大值最有可能与随机参数变化相关联且降低自由度。另一方面，一个单一的傅立叶频率模拟了决定性成分的多种断点，因此，也可以使用单一频率分量（Becker et al.，2006）。只含单个频率的 $\gamma(t)$ 定义为：

$$\gamma(t) \cong \gamma_0 + \gamma_1 \sin\left(\frac{2\pi kt}{T}\right) + \gamma_2 \cos\left(\frac{2\pi kt}{T}\right) \tag{3.7}$$

其中，k 表示频率。在单频情况下，我们将式（3.7）代入式（3.4）获得：

$$y_t = \gamma_0 + \gamma_1 \sin\left(\frac{2\pi kt}{T}\right) + \gamma_2 \cos\left(\frac{2\pi kt}{T}\right) + \prod_1 y_{t-1} + \prod_{p+d} y_{t-(p+d)} + u_t \tag{3.8}$$

在 Toda-Yamamoto 框架下，Granger 无因果关系的零假设基于对相关变量 p 参数的零限制（H_0：$\prod_1 = \cdots = \prod_p = 0$），其 Wald 统计值服从 p 自由度的卡方分布。最近的因果关系文献使用 Bootstrap 分布以提高小样本中检验统计量的能力，以及对数据的单位根和协整特性的鲁棒性（Mantalos，2000；Hatemi-J，2002；Hacker and Hatemi-J，2006；Balcilar et al.，2010）。除了使用渐进卡方分布，我们还基于 Efron（1979）提出的残差采样自举方法得到了 Wald 统计量的采样自举分布。Nazlioglu 等（2019）运用蒙特卡洛模拟来比较 Fourier–TY 检验方法与 TY 检验的样本依赖性和效率。结果表明：随着观测值的增加，当渐进分布与 Bootstrap 分布的差异消失时，考虑因果关系分析中的结构变化会变得更为重要。此外，TY 检验在大样本中存在严重的样本扭曲，傅立叶变换的 TY 检验具有更良好的样本性能。

式（3.7）和式（3.8）都要求确定傅立叶级数频率分量和滞后长度。我们遵循常用的方法确定因果关系分析中的最佳滞后期。我们先将 Fourier 频率和滞后期设置为最大值标量化，逐项递减到 1，然后选择使信息准则（如 Akaike 或 Schwarz）最小化的最佳频率和滞后组合。

3.1.7　滚动样本因果关系检验

滚动样本的因果检验是来弄清楚所做是可行的目的。事实上，尽管全样本检验得到显著的因果关系，而因果关系检验可能会从不同的子样本中得出截然不同的结果，即根本没有因果关系，模型是完全稳定的，但动态结果可能会从因果关系"显著"变化到因果关系几乎为零。请注意，作为其中的一部分，自举显著性水平不会改变这一点，因为样本自举不会改变（这是显然的）在进行较大检验窗口时可以观察到的较大子样本的因果关系检验。

3.2　沪港股市波动的传统线性格兰杰因果检验和傅立叶因果检验结果

我们采用 VAR 模型来进行传统的格兰杰因果检验和傅立叶因果检验，样本选择 2007 年 1 月至 2022 年 4 月的日度已实现波动数据。以滞后 20 期为最大滞后期，针对傅立叶因果检验，设定 k 最大为 3。表 3–1 是 VAR 模型的最佳滞后期选择结果，根据 AIC 标准应该选择滞后 14 期，而根据 BIC（或 SBC）应该选择滞后 6 期，根据模型从简原则，我们先选择滞后 6 期。

表 3-1　沪港股市波动 VAR 模型的最佳滞后期选择结果

滞后期	AIC	SBC	LR Test	p-value
1	0.519	0.529		
2	0.268	0.285	911.995	0.000
3	0.191	0.215	283.472	0.000
4	0.164	0.195	107.139	0.000
5	0.149	0.187	60.636	0.000
6	0.139	**0.183** *	45.889	0.000
7	0.135	0.186	21.840	0.000
8	0.131	0.190	21.258	0.000
9	0.122	0.187	41.202	0.000
10	0.119	0.191	19.063	0.001
11	0.119	0.198	7.697	0.103
12	0.118	0.204	13.156	0.011
13	0.115	0.208	17.697	0.001
14	**0.113** *	0.213	15.036	0.005
15	0.114	0.221	5.452	0.244
16	0.114	0.228	8.020	0.091
17	0.116	0.236	3.200	0.525
18	0.115	0.243	8.743	0.068
19	0.117	0.251	1.881	0.758
20	0.118	0.259	4.399	0.355

表 3-2 是沪市和港市已实现波动的传统格兰杰因果和傅立叶因果检验。表 3-2 显示，对全样本来说，传统的格兰杰因果检验结果和傅立叶因果检验结果是一致的，都表明在 1% 的显著水平下沪市对港市的波动有显著的因果关系。

表 3-2　沪市和港市已实现波动的传统格兰杰因果和傅立叶因果检验

样本	obs	H_0	Granger			Fourier（k）			
			p	Wald	P	p	k	Wald	P
全样本 2007 年 1 月 4 日~ 2022 年 4 月 30 日	3601	$RV_1 \nRightarrow RV_2$	6	18.136	**0.006**	6	1	17.244	**0.008**
		$RV_2 \nRightarrow RV_1$	6	9.751	0.136	6	1	8.925	0.178

续表

样本	obs	H_0	Granger			Fourier（k）			
			p	Wald	P	p	k	Wald	P
沪港通之前 2007 年 1 月 4 日～ 2014 年 11 月 16 日	1855	$RV_1 \neq > RV_2$	5	7.451	0.189	5	1	9.876	**0.079**
		$RV_2 \neq > RV_1$	5	10.540	**0.061**	5	1	2.407	0.790
沪港通之后 2014 年 11 月 17 日～ 2022 年 4 月 30 日	1746	$RV_1 \neq > RV_2$	4	10.378	**0.035**	4	1	10.470	**0.033**
		$RV_2 \neq > RV_1$	4	6.766	0.149	4	1	8.416	**0.077**

注：全样本、沪港通之前和沪港通之后的样本分别含 3601 期、1855 期和 1746 期。p 为 BIC 选择的最佳滞后期。黑体数字代表 P 值小于 10% 或小于 5%。

从沪港通之前的样本检验结果来看，传统的格兰杰因果检验与傅立叶因果检验的结果并不一致，前者表明在 10% 的显著水平下港市波动对沪市波动有因果关系，而后者表明在 10% 的显著水平下沪市波动对港市波动有因果关系。

从沪港通之后的样本检验结果来看，传统的格兰杰因果检验结果表明在 5% 的显著水平下沪市波动对港市波动存在单向的因果关系，而傅立叶因果检验结果则表明在 10% 的显著水平下港市波动对沪市波动也存在因果关系。

总体而言，傅立叶因果检验在不同样本下的结果要比传统的格兰杰因果检验结果更为一致，且根据傅立叶因果检验结果，沪港通之后沪港两市的波动因果关系都比沪港通之前要更为显著，尤其是港市波动对沪市波动。

3.3 沪港股市波动的传统格兰杰因果检验和 傅立叶因果检验结果的杠杆效应

为了比较正向波动和负向波动的不同因果关系，我们分别采用正向波动和负向波动重新进行格兰杰因果检验和傅立叶因果检验，表 3-3 和表 3-4 分别给出的是沪港两市正向波动和负向波动的两种因果检验结果。

表3-3　沪市与港市波动的传统格兰杰因果和傅立叶因果检验（正向波动，**RV⁺**）

样本	obs	H_0	Granger			Fourier（k）			
			p	Wald	P	p	k	Wald	P
全样本 2007年1月4日~ 2022年4月30日	3601	$RV_1^+ \neq > RV_2^+$	7	139.710	**0.000**	7	1	136.778	**0.000**
		$RV_2^+ \neq > RV_1^+$	7	9.609	0.212	7	1	9.122	0.244
沪港通之前 2007年1月4日~ 2014年11月16日	1855	$RV_1^+ \neq > RV_2^+$	7	8.781	0.269	5	1	5.067	0.408
		$RV_2^+ \neq > RV_1^+$	7	9.080	0.247	5	1	2.984	0.702
沪港通之后 2014年11月17日~ 2022年4月30日	1746	$RV_1^+ \neq > RV_2^+$	4	281.439	**0.000**	4	1	279.057	**0.000**
		$RV_2^+ \neq > RV_1^+$	4	2.084	0.720	4	1	3.784	0.436

注：全样本、沪港通之前和沪港通之后的样本分别含3601期、1855期和1746期。p为BIC选择的最佳滞后期。黑体数字代表P值小于10%或小于5%。

表3-4　沪市与港市波动的传统格兰杰因果和傅立叶因果检验（负向波动，**RV⁻**）

样本	obs	H_0	Granger			Fourier（k）			
			p	Wald	P	p	k	Wald	P
全样本 2007年1月4日~ 2022年4月30日	3601	$RV_1^- \neq > RV_2^-$	6	13.679	**0.033**	6	1	12.56	**0.051**
		$RV_2^- \neq > RV_1^-$	6	6.270	0.394	6	1	5.644	0.464
沪港通之前 2007年1月4日~ 2014年11月16日	1855	$RV_1^- \neq > RV_2^-$	5	7.763	0.170	5	1	9.934	**0.077**
		$RV_2^- \neq > RV_1^-$	5	11.804	**0.038**	5	1	2.983	0.703
沪港通之后 2014年11月17日~ 2022年4月30日	1746	$RV_1^- \neq > RV_2^-$	5	10.181	**0.070**	5	1	10.084	**0.073**
		$RV_2^- \neq > RV_1^-$	5	7.366	0.195	5	1	10.221	**0.069**

注：全样本、沪港通之前和沪港通之后的样本分别含3601期、1855期和1746期。p为BIC选择的最佳滞后期。黑体数字代表P值小于10%或小于5%。

　　从表3-3给出的正向波动的因果检验结果来看，全样本和沪港通之后的检验结果一致，都表明沪市对港市都有正向波动的因果关系，或者说沪市正向波动对港市正向波动有因果关系且主要体现在沪港通之后。而在沪港通之前的时段里，传统的格兰杰和傅立叶因果检验都表明两市的正向波动之间没有因果关系。

　　表3-4给出了负向波动的因果检验结果。显然，我们可以看到两市负向波动之间的因果关系与整体波动之间的因果关系是一致的。据此，我们可以认为两市

之间的因果关系更多的是体现在两市负向波动之间，即两市之间的波动传导主要体现在市场下跌的行情里，并且更为显著地体现在沪港通之后。

3.4 基于滚动窗口的沪港股市波动的传统格兰杰因果检验

为了观察两市之间因果关系的动态时变特征，我们采用滚动窗口的方法、基于 VAR 模型，样本采用 2000 年 1 月至 2022 年 4 月的日度已实现波动进行研究。图 3-1 给出的是沪港股市之间的波动因果关系的动态时变特征。图 3-1（a）给出的是滚动窗口为 200 天的检验结果。我们发现，较多时间的 Wald 检验统计值要

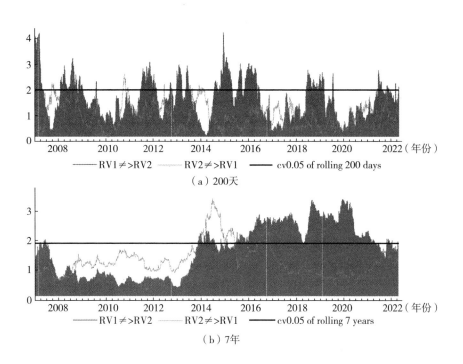

（a）200天

（b）7年

图 3-1 沪港股市之间的波动因果关系的动态时变特征

小于 5%显著水平的临界值，即在 5%的显著水平下两者之间相互没有因果关系。但比较而言，部分时段沪市对港市存在格兰杰因果关系，并且沪港通前后并没有明显的变化。当我们将滚动窗口提升到 7 年时发现，沪市在 2014 年之后对港市有较为持续的因果关系。港市在沪港通之前对沪市有更大的影响（但显著性总体上低于 5%），但在沪港通之后对沪市的影响低于沪市对港市的影响，且在沪港通之后的多数时段里港市对沪市没有显著的因果关系。

3.5 高低波动区制下的沪港股市波动因果检验：基于 MS-VAR 模型的非线性因果检验

为了考察沪港两市波动在不同波动水平下的非线性因果关系，我们基于 MS-VAR 模型分高波动区制和低波动区制进行因果检验，表 3-5~表 3-7 给出了两市已实现波动以及正向和负向的因果检验结果。表 3-5 显示，在传统的显著水平下，考虑区制差异时，全样本、沪港通之前和沪港通之后的高低区制联合检验结果都表明两市不存在因果关系；然而，在沪港通之前的低区制下，港市在 10%的显著水平下对沪市有波动的因果关系，考虑到低区制代表波动较低的一般情况，这说明沪港通之前港市对沪市一般存在因果关系；而沪港通之后，仅在波动水平较高的较为极端的情况下存在港市对沪市的单向波动因果关系。

表 3-5　高低波动区制下沪市与港市波动的格兰杰因果检验

样本	H_0	p	High & Low		High		Low	
			Wald	P	Wald	P	Wald	P
全样本 2007 年 1 月 4 日~ 2022 年 4 月 30 日	$RV_1 \neq > RV_2$	6	12.254	0.426	3.293	0.771	8.099	0.231
	$RV_2 \neq > RV_1$	6	12.547	0.403	7.056	0.316	5.458	0.487
沪港通之前 2007 年 1 月 4 日~ 2014 年 11 月 16 日	$RV_1 \neq > RV_2$	5	9.028	0.529	6.116	0.295	1.705	0.888
	$RV_2 \neq > RV_1$	5	14.106	0.155	2.710	0.745	9.978	**0.076**

续表

样本	H_0	p	High & Low		High		Low	
			Wald	P	Wald	P	Wald	P
沪港通之后 2014 年 11 月 17 日 ~ 2022 年 4 月 30 日	$RV_1 \neq > RV_2$	4	7.244	0.510	4.140	0.387	3.181	0.528
	$RV_2 \neq > RV_1$	4	11.990	0.152	9.821	**0.044**	1.803	0.772

注：全样本、沪港通之前和沪港通之后的样本分别含 3601 期、1855 期和 1746 期。p 为 BIC 选择的最佳滞后期。High 和 Low 分别代表高区制和低区制。黑体数字代表 P 值小于 10% 或小于 5%。

表 3-6 为正向波动的因果检验结果。在仅考虑正向波动的情况下，全样本和沪港通前后分样本的检验结果都表明，正向波动的因果关系体现在沪市对港市的单向因果关系，并且仅体现在两市波动水平较低的低区制下，其中沪港通之后的显著水平略高。

表 3-6　高低波动区制下沪市与港市波动的格兰杰因果检验（正向波动，RV^+）

样本	H_0	p	High & Low		High		Low	
			Wald	P	Wald	P	Wald	P
全样本 2007 年 1 月 4 日 ~ 2022 年 4 月 30 日	$RV_1^+ \neq > RV_2^+$	7	22.260	**0.073**	4.597	0.709	15.822	**0.027**
	$RV_2^+ \neq > RV_1^+$	7	10.366	0.734	4.886	0.674	5.076	0.651
沪港通之前 2007 年 1 月 4 日 ~ 2014 年 11 月 16 日	$RV_1^+ \neq > RV_2^+$	7	23.595	**0.051**	9.052	0.249	14.473	**0.043**
	$RV_2^+ \neq > RV_1^+$	7	10.190	0.748	4.997	0.660	5.520	0.597
沪港通之后 2014 年 11 月 17 日 ~ 2022 年 4 月 30 日	$RV_1^+ \neq > RV_2^+$	4	15.900	**0.043**	3.461	0.484	11.822	**0.019**
	$RV_2^+ \neq > RV_1^+$	4	8.603	0.377	6.201	0.185	2.566	0.633

注：全样本、沪港通之前和沪港通之后的样本分别含 3601 期、1855 期和 1746 期。p 为 BIC 选择的最佳滞后期。High 和 Low 分别代表高区制和低区制。黑体数字代表 P 值小于 10% 或小于 5%。

表 3-7 为负向波动的因果检验结果。在仅考虑负向波动的情况下，沪港通前后分样本的检验结果都表明，负向波动的因果关系也体现在沪市对港市的单向因果关系，并且仅体现在两市波动水平较高的高区制下，其中沪港通之前的显著水平略高。

表 3-7　高低波动区制下沪市与港市波动的格兰杰因果检验（负向波动，RV^-）

样本	H_0	p	High & Low		High		Low	
			Wald	P	Wald	P	Wald	P
全样本 2007 年 1 月 4 日～ 2022 年 4 月 30 日	$RV_1^- \neq > RV_2^-$	6	17.925	0.118	9.380	0.153	9.335	0.156
	$RV_2^- \neq > RV_1^-$	6	13.542	0.331	6.559	0.364	6.626	0.357
沪港通之前 2007 年 1 月 4 日～ 2014 年 11 月 16 日	$RV_1^- \neq > RV_2^-$	5	23.919	**0.008**	14.445	**0.013**	8.133	0.149
	$RV_2^- \neq > RV_1^-$	5	9.351	0.499	5.637	0.343	3.817	0.576
沪港通之后 2014 年 11 月 17 日～ 2022 年 4 月 30 日	$RV_1^- \neq > RV_2^-$	5	12.998	0.224	11.276	**0.046**	2.219	0.825
	$RV_2^- \neq > RV_1^-$	5	12.246	0.269	3.188	0.671	7.175	0.208

注：全样本、沪港通之前和沪港通之后的样本分别含 3601 期、1855 期和 1746 期。p 为 BIC 选择的最佳滞后期。High 和 Low 分别代表高区制和低区制。黑体数字代表 P 值小于 10% 或小于 5%。

附录　Granger、Sims、GMD、Rolling 及 MS-VAR 框架下因果检验 WinRats 代码

* 1. Granger 因果检验、Sims 因果检验及 GMD 因果检验

* 导入数据 RV1 和 RV2，可导入自己数据替换代码中的数据。

*

* Granger test

*

linreg RV1

constant RV1{1 to 8} RV2{1 to 8}

exclude(title = " Granger Causality Test")

RV2{1 to 8}

*

* Sims' test

```
*
linreg RV2
# constant RV1{-4 to 8}
exclude(title="Sims Causality Test")
# RV1 {-4 to -1}
*
* Geweke-Meese-Dent variation *GMD 因果检验
*
linreg RV2
# constant RV1 {-4 to 8} RV2 {1 to 8}
exclude (title="Geweke-Meese-Dent Causality Test")
# RV1{-4 to -1}


*2. Rolling causality 滚动窗口因果检验


* import the data 导入数据


* y does not causes x?
set x = RV2
set y = RV1
*
set causetests100 = %na
*
* Window span
*
compute nspan=100
compute nlags=8
*
do time=100,5200
```

```
    linreg( noprint) x time-nspan+1 time
    # constant x{1 to nlags} y{1 to nlags}
    exclude( noprint)
    # y{1 to nlags}
    compute causetests100( time) = %cdstat
end do time
```

* 3. MS-VAR 框架下的非线性因果检验

* （先导入数据 RV1, RV2）

```
@ msvarsetup( REGIMES = 2, lags = 1, switch = CH)
# RV1 RV2
@ msvarinitial
compute gstart = %regstart( ), gend = %regend( )


@ msvaremgeneralsetup
do emits = 1, 50
    @ msvaremstep gstart gend
end do emits
 *
@ msvarparmset( parmset = varparms)
nonlin( parmset = msparms)    p


compute p = %xsubmat( p, 1, nregimes-1, 1, nregimes)
 *
frml msvarf = log( %MSVARProb( t))
maximize( parmset = varparms+msparms, $
    start = ( pstar = %MSVARInit( )), $
```

reject = %MSVARInitTransition( ) = = 0. 0, $

method = bhhh, iters = 10, print) msvarf gstart gend

TEST(ZEROS)

6

TEST(ZEROS)

10

TEST(ZEROS)

6 10

TEST(ZEROS)

7

TEST(ZEROS)

11

TEST(ZEROS)

7 11

4 基于 BEKK-MGARCH 类模型的沪港两市波动因果关系

4.1 研究背景与文献概述

沪港通是上海证券交易所和香港联合交易所共同实施的沪港股票市场交易互联互通机制，于 2014 年 4 月 10 日试运行，并于同年 11 月 17 日正式开通。沪港通是加强沪港两市联系以及促使我国资本市场进一步国际化的里程碑，具有重要的历史意义。自沪港通之后，学术界关于沪港通的研究逐渐增加，有的学者关注沪港通对两市的分别影响及其差异。例如，刘荣茂和刘恒昕（2015）研究了沪港通对上海股票市场有效性的影响，认为沪港通之后上海股票市场的长期和短期记忆性显著下降。严佳佳等（2015）运用事件研究法比较了沪港通对两市的公告效应，异常收益率检验结果表明，港市对沪港通的公告效应强于沪市，并认为港市的波动性明显大于沪市，港市比沪市对信息更为敏感。

已有相关文献更多地侧重于研究沪港通前后沪港两市之间的波动关联性。例如，徐晓光等（2015）借助时变 SJC-Copula 得出了类似的结论，认为沪港通从提出到推行，沪港两市上尾相关性有显著的提高，而且上尾相关性比下尾相关性要大，表明沪港通的实施增强了市场的融合程度，市场同步上涨的概率大于市场同步下跌的概率。冯永琦和段晓航（2016）采用 Granger 因果检验和

BEKK-GARCH 模型对沪港两市的联动效应进行了实证研究。结果表明，沪港通在一定程度上增强了两市的联动效应，沪市向港市的波动溢出效应得到了明显增强。

波动性是市场信息流的度量（Ross，1989），两市之间的信息溢出可使两市的波动具有关联性，而不同的信息所带来的波动溢出效果会有所差异，尤其是负面信息往往带来波动溢出非对称效应。我们发现，已有相关文献基本忽略了两市之间波动溢出的非对称效应。本章拟将波动溢出的非对称效应纳入研究范畴，将两市之间的波动溢出划分为三个层面：信息溢出效应、非对称效应和持久效应。前两者均为波动溢出的短期效应，后者为长期效应。信息溢出的短期效应为市场间的 ARCH 效应，是短期波动溢出效果，揭示的是一个市场的信息溢出并在短期内显著影响另一个市场的波动性。波动溢出的持久效应是市场间的 GARCH 效应，反映一个市场的信息溢出影响另一个市场波动的持久性。信息溢出的非对称效应是市场之间的杠杆效应，说明的是正负面信息的溢出效果有所不同，可分为负杠杆效应和正杠杆效应。信息溢出的非对称效应在学术界一般是指负杠杆效应，所描述的情形为：相对于一个市场的正面信息而言，该市场的负面信息促使另一个市场波动性增加的程度更大。换言之，一个市场的坏消息比好消息更能加剧另一个市场的波动。

基于以上波动溢出效应的层次划分和已有相关研究成果，本章将围绕以下几个方面对沪港通前后两市的波动关联性做进一步的研究：

首先，沪港通前后沪港两市之间的波动总体因果关系是否存在，是单向还是双向的？至少存在单个方向的波动总体因果关系是沪港两市波动关联性研究的前提。本章将从两市之间信息溢出效应、持久效应和非对称效应三个方面，判断两市之间的波动总体因果关系，这有别于目前大多数相关研究中忽略非对称效应，仅考察信息溢出效应和持久效应的研究方法。

其次，沪港通之后两市之间的短期波动溢出效应（信息溢出效应和非对称效应）和长期持久效应分别是否有显著变化，两者变化有何差异？对此，现有相关文献没有足够重视。波动关联性的变化往往体现为短期效应和持久效应的交替变化，可体现为短期溢出效应显著提高，而持久溢出效应减弱，但也可能体现为短期溢出效应有所减弱，而持久溢出效应明显加强，这两种情况对投资者和市场监管者都有不同的现实借鉴意义。

最后，沪港通前后两市正负面信息溢出的非对称效果有何差异，也被现有大多数沪港通相关研究所忽略。由于股市通常会有好消息或坏消息占主导的时间段，因此针对沪港两市之间信息溢出的非对称效应，需当考虑两市信息的不同组合情形。例如，当与港市正面信息或与港市负面信息相结合时，沪市负面信息对港市波动的非对称溢出效应可能会有较大差异。

针对以上三个方面的问题，本章将基于二元 ARMA-BEKK-t-AGARCH 模型，主要借助 Wald 联合检验和 NIS（News Impact Surface）分析方法，围绕沪港通前后沪港两市波动的关联性展开讨论。本章以下研究结构安排为：4.2 为研究方法；4.3 为数据和初步统计分析；4.4 为实证分析，包括模型估计结果、Wald 检验和 NIS 分析，以及条件协方差和协方差矩阵、对冲和投资组合；4.5 为本章小结。

4.2 研究方法

针对沪市和港市之间的波动相关性研究，二元 GARCH 模型是合适的选择。本章选用 Engle 和 Kroner（1995）提出的 BEKK（Baba，Engle，Kraft and Kroner 首字母的缩写）模型，设定方差和协方差矩阵的参数。BEKK 模型有三个方面的优势：第一，模型待估计参数有一定程度的减少。一个二元 GARCH 模型参数总量为 $2n^2+\{n\times(n+1)/2\}$，共 11 个待估计参数。第二，模型保证了方差和协方差矩阵的正定特征。第三，全参数 BEKK 可揭示更多的市场间波动溢出信息。

基于模型回归的残差自相关检验结果，均值模型在本章选用 ARMA 形式：

$$r_t=\mu+\sum_{i=1}^{p}\alpha_i r_{t-i}+\sum_{i=0}^{q}\beta_i\varepsilon_{t-i};\ i=1,\ 2\varepsilon_t=H_t^{1/2}v_t \tag{4.1}$$

其中，r_t 为 2×1 向量，包含两个股市的指数收益率；ε_t 为误差项；r_{t-i} 和 ε_{t-i} 分别为 $AR（p）$ 和 $MA（q）$ 过程的元素；μ 为常数向量；v_t 为标准残差（$i.i.d$）

向量；H_t 为条件方差和协方差矩阵。

假定沪港两市指数收益率服从 Student's-t 分布，则带有非对称效应的二元 GARCH 模型（BEKK-t-AGARCH 模型）可表达为：

$$H_t = C'C + A'\varepsilon_{t-1}\varepsilon'_{t-1}A + B'H_{t-1}B + D'\varphi_{t-1}\varphi'_{t-1}D \qquad (4.2)$$

其中，C 为下三角矩阵的常数项。A、B 和 D 都为 2×2 参数矩阵。$D'\varphi_{t-1}\varphi'_{t-1}D$ 为非对称项，按照学术界的一般做法，设定 $\varphi_t = \min(\varepsilon_t, 0)$，因此 D 矩阵元素刻画的是负非对称效应，包含各市场内的负非对称效应和市场间的负非对称效应。式（4.2）可分解为条件方差和协方差等式，如第一个变量（RS）的条件方差可分解为：

$$H_{11,t} = C_{11}^2 + A_{11}^2\varepsilon_{1,t-1}^2 + A_{21}^2\varepsilon_{2,t-1}^2 + 2A_{11}A_{21}\varepsilon_{1,t-1}\varepsilon_{2,t-1} + B_{11}^2H_{11,t-1} + B_{21}^2H_{22,t-1} +$$
$$2B_{11}B_{21}H_{21,t-1} + D_{11}^2\varphi_{1,t-1}^2 + D_{21}^2\varphi_{2,t-1}^2 + 2D_{11}D_{21}\varphi_{1,t-1}\varphi_{2,t-1} \qquad (4.3)$$

A、B 和 D 矩阵中的对角元素用来测度市场内的 ARCH 效应、GARCH 效应和非对称效应；非对角元素则用来测度市场间的 ARCH 效应、GARCH 效应和非对称效应，刻画了波动溢出的多个层面，因而是本章关注的重点。

尽管 BEKK 模型能够揭示更多的波动溢出信息，但由于 BEKK 模型采用的是二次非线性形式，因此要恰当地解读模型中的波动溢出效果较为困难（Hoesli and Reka, 2013）。尤其是对于带有非对称效应的 BEKK-AGARCH 而言，如果仅根据 A 和 D 参数矩阵非对角元素是否显著，来判断信息溢出效应及其非对称效应，会得出不够准确的结论。原因在于，参数的显著性分析不能说明参数矩阵中元素的正负符号所包含的波动溢出特殊意义。例如，根据式（4.3）可知，当 A_{11} 和 A_{21} 的符号正负相反，且 D_{11} 和 D_{21} 的符号也正负相反时，意味着：如果沪市信息为正面，则港市负面信息带来的溢出效应及非对称效应都将更大，使沪市的波动更大程度地增加；如果沪市信息为负面，则港市正面信息的溢出效应更大。

鉴于以上波动溢出的复杂性，本章将采用两种分析方法，首先根据模型估计参数的显著性和 Wald 检验来判断两市之间的波动总体因果关系、波动溢出短期效应和长期效应，之后再借助 Kroner 和 Ng（1998）提出的 NIS（News Impact Surface）方法进一步分析波动溢出的短期效应和非对称效应。NIS 方法将信息分为正负面两种，常被用来分析信息的正负面差异对市场本身波动及市场之间波动溢出的不同影响以及信息溢出是否存在非对称效应。将 H_{t-i} 矩阵元素设定为非条件方差和协方差矩阵元素的均值，使用创新（Innovation）作为进入市场的信息（Engle and Ng, 1993），则条件方差和协方差矩阵的 NIS 可表达为：

$$\sigma_{ij,\,t} = \sigma_{ij}(\varepsilon_{i,\,t-1},\ \varepsilon_{j,\,t-1};\ H_{t-1} = \gamma) \tag{4.4}$$

其中，γ 为非条件方差和协方差矩阵的均值。

4.3　数据和初步统计分析

本章采用 SSECOMP 和 HSI 每日收盘价，样本期间为 2007 年 7 月 1 日至 2016 年 10 月 31 日，数据来源为 Wind 数据库。删除不同工作日的数据之后，共获得 2195 个观察值。鉴于沪港通于 2014 年 4 月 10 日开始试运行，我们以该日为界把样本分为沪港通前后两个子集。RS 和 RH 都为收盘价对数值一阶差分后的百分比值，分别表示上海和香港股市的指数收益率。由于上海和香港同属一个时区，而且开盘时间只差半小时，因此两市股指所包含的信息在时间上基本同步，两市之间的相关性不受开盘时间差异的影响①。

图 4-1 显示，沪港两市的收益率呈现出明显的波动积聚性，即较大的波动变化之后伴随有进一步较大的变化，较小的波动之后伴随有进一步较小的波动。收益率平方时序图则显示，两者的波动变化较为类似，但沪港通之前港市在全球金融危机和欧元区债务危机期间的波动有一些更高的极端值，而在沪港通之后沪市的波动总体明显高于港市。

表 4-1 报告了沪港两市收益率的描述性统计特征与检验。除了沪港通之后的 RS 均值，RS 和 RH 的均值都接近零。沪港通之前，RS 的均值和标准方差都略低于 RH 的均值和标准方差；沪港通之后，则相反。各样本期间的非零偏度和超额峰度（大于 3）说明 RS 和 RH 在不同的时间段都不服从正态分布，JB 检验则显示在 1% 的显著水平下拒绝 RS 和 RH 服从正态分布的原假设。根据滞后 5 期和滞后

---

① Martens 和 Poon（2001）认为股市开盘时间的不一致会影响股市之间的相关性。

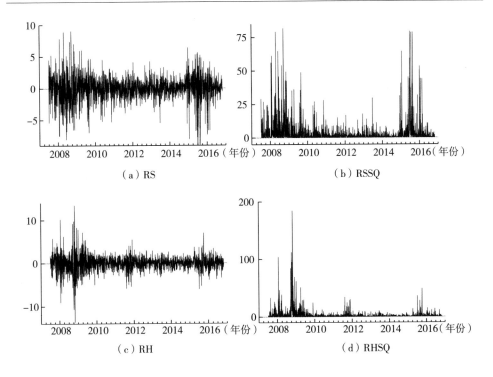

（a）RS　　　　　　　　　（b）RSSQ

（c）RH　　　　　　　　　（d）RHSQ

图 4-1　收益率和收益率平方时序

表 4-1　股指收益率的基本统计特征与检验

指标	整体样本（2007 年 7 月 1 日至 2016 年 10 月 31 日）		沪港通之前（2007 年 7 月 1 日至 2014 年 4 月 9 日）		沪港通之后（2014 年 4 月 10 日至 2016 年 10 月 31 日）	
	RS	RH	RS	RH	RS	RH
均值	-0.004	0.0003	-0.037	0.003	0.065	0.001
标准偏差	1.839	1.758	1.769	1.875	1.960	1.213
偏度	-0.414	0.028	-0.159	0.014	-1.150	-0.004
峰度	6.513	14.512	6.070	10.801	4.764	3.654
JB 检验	1090.517***	6065.119***	634.880***	4054.843***	694.809***	331.540***
Q（5）	19.381***	4.858	3.896	4.140	223.285***	2.838
Q（10）	32.986***	0.050	11.146	18.944	38.108***	11.479
Q^2（5）	334.840***	974.928***	158.604***	784.589***	165.840***	30.435***
Q^2（10）	590.794***	1713.084***	363.881***	1207.859***	199.539***	40.761***

续表

指标	整体样本 （2007 年 7 月 1 日至 2016 年 10 月 31 日）		沪港通之前 （2007 年 7 月 1 日至 2014 年 4 月 9 日）		沪港通之后 （2014 年 4 月 10 日至 2016 年 10 月 31 日）	
	RS	RH	RS	RH	RS	RH
ADF	−14.931***	−45.931***	−39.795***	−41.312***	−10.516***	−23.438***
KPSS	0.211	0.044	0.078	0.059	0.248	0.093

注：表中的均值和标准偏差都为百分比值。JB 检验为 Jarque-Bera 正态分布检验。Q（5）和 Q（10）、Q^2（5）和 Q^2（10）分别表示滞后 5 期和滞后 10 期的指数收益率、指数收益率平方的 Ljung-Box 残差自相关检验。*** 表示 1% 的显著性水平。

10 期的 LB 检验结果，RS 在沪港通之前不存在自相关，在整个样本期间和沪港通之后在 1% 的显著水平下存在自相关；而 RH 在各样本期间都不存在自相关，呈现出较明显的随机过程特征。收益率平方的 LB 检验结果显示，RS 和 RH 都具有波动持久性。此外，由 ADF 和 KPSS 检验统计值可知，RS 和 RH 都为 I（0）变量，因此无须再差分处理，可直接用于模型估计。

4.4　实证分析

4.4.1　ARMA-BEKK-*t*-AGARCH 模型估计

在 BEKK-AGARCH 模型估计之前需先选择较为合适的条件均值模型。鉴于 RS 和 RH 的 LB 自相关检验有较大差异，并且笔者尝试了 p 和 q 不同选择的二元 VAR（p）和 VARMA（p，q）模型，都未能通过模型残差自相关检验，因此，各样本期间的条件均值模型将选用单变量 ARMA（p，q）模型的组合形式。

根据 AIC、BIC 和 HQ 准则，RS 沪港通前后的均值模型可分别采用 ARMA（0，0）和（3，2），而 RH 的均值模型在各样本期间都可采用 ARMA（0，0）。表 4-2 报告了各 ARMA 模型在各样本期间的（p，q）选择及其残差检验。由于本章的重点是条件方差和协方差矩阵，因此报告中省去了 ARMA 模型的参数估计。

表 4-2 显示，在 1%的显著水平下，所选模型都不存在残差自相关。残差平方的 LB 检验结果则显示，RS 和 RH 都存在非常显著的 ARCH 结构，因此适合采用 GARCH 模型。此外，JB 检验结果表明，所选模型的参差都不服从正态分布，因此模型中使用 Student's-t 分布更为合理。

表 4-2　条件均值模型 ARMA (p, q) 的选择及其检验

指标	沪港通之前		沪港通之后	
	RS	RH	RS	RH
(p, q)	(0, 0)	(0, 0)	(3, 2)	(0, 0)
JB 检验	634.880 ***	4054.843 ***	509.258 ***	331.540 ***
Q (8)	8.916	12.593	6.050	11.356
Q^2 (8)	279.283 ***	1001.410 ***	168.140 ***	40.658 ***

注：JB 检验为 Jarque-Bera 正态分布检验。Q (8) 和 Q^2 (8) 分别为模型残差和残差平方在滞后 8 期的 Ljung-Box 自相关检验。*** 表示 1%的显著性水平。

选定均值模型组合之后，本章参考学术界针对金融时间序列的一般做法，将条件方差模型设定为 GARCH (1, 1)，构建了 ARMA-BEKK-t-AGARCH 模型。为突出分析重点，表 4-3 仅给出了模型中的条件方差模型参数估计和标准残差检验结果。表 4-3 显示，各样本期间的模型估计所得参数总体来看有较好的显著性。Student's-t 分布的自由度参数（DoF）高度显著，证实了模型残差的尖峰厚尾特征。针对标准残差和标准残差平方的单元和多元 LB 检验结果中，Q 和 Q^2 统计值全都不显著，表明所构建的 ARMA-BEKK-t-AGARCH 模型效果较好，无标准残差自相关，而且无残留 ARCH 结构。

表 4-3　BEKK-t-AGARCH 模型估计结果

参数	沪港通之前		沪港通之后	
	系数	标准误差	系数	标准误差
C_{11}	0.114 ***	(0.037)	0.174 ***	(0.065)
C_{12}	**0.087**	(0.058)	**0.158**	(0.151)
C_{22}	0.099 ***	(0.029)	0.273 *	(0.147)
A_{11}	−0.176 ***	(0.028)	0.386 ***	(0.050)

参数	沪港通之前		沪港通之后	
	系数	标准误差	系数	标准误差
A_{12}	**−0. 018**	(0. 034)	**0. 127**	(0. 095)
A_{21}	0. 151***	(0. 032)	−0. 206***	(0. 076)
A_{22}	0. 174***	(0. 045)	−0. 249*	(0. 153)
B_{11}	0. 990***	(0. 005)	0. 939***	(0. 028)
B_{12}	0. 021***	(0. 006)	**0. 006**	(0. 017)
B_{21}	−0. 020***	(0. 007)	**−0. 002**	(0. 076)
B_{22}	0. 951***	(0. 008)	0. 900***	(0. 045)
D_{11}	**0. 079**	(0. 074)	**0. 040**	(0. 108)
D_{12}	**−0. 109**	(0. 071)	**0. 063**	(0. 071)
D_{21}	0. 072*	(0. 038)	**0. 041**	(0. 105)
D_{22}	0. 348***	(0. 050)	0. 285***	(0. 128)
DoF	8. 137***	(0. 835)	5. 304***	(0. 696)
LogLik	−5525. 265		−1869. 983	
模型检验				
Q_{RS} (10)	15. 763		7. 204	
Q_{RS}^2 (10)	11. 431		10. 922	
Q_{RH} (10)	16. 053		9. 551	
Q_{RH}^2 (10)	8. 744		13. 160	
MQ (10)	51. 628		45. 114	
MQ^2 (10)	90. 193		82. 608	

注: 括号内是准最大似然标准误差 (Bollerslev and Wooldridge, 1992)。Q (10) 和 Q^2 (10) 分别为标准残差和标准残差平方在滞后 10 期的单元 Ljung-Box 自相关检验。MQ (10) 和 MQ^2 (10) 分别为标准残差和标准残差平方在滞后 10 期的多元 Ljung-Box 自相关检验 (Hosking, 1981)。*** 和 * 分别表示 1% 和 10% 的显著性水平。黑体数字代表不显著参数。

4.4.2　波动关联性: 基于参数显著性和 Wald 检验

尽管 BEKK-t-AGARCH 模型的二次形式使波动关联性的解读更为困难, 但模型参数估计结果中包含了市场内波动和市场之间波动溢出的更多信息。本小节将主要根据 A、B 和 D 矩阵的非对角元素来分析沪市和港市的波动关联性。

表 4-3 显示，在沪港通前后样本的参数估计中，A、B 和 D 矩阵各对角元素除了 D_{11}，都显著不为零。各市场内的 ARCH 项系数（矩阵 A 中的对角元素 A_{11} 和 A_{22}）和各市场内的 GARCH 项系数（B_{11} 和 B_{22}）都显著，表明沪港两市过去的信息和波动会影响各自当前的波动。非对称项系数 D_{11} 都不显著，而 D_{22} 都显著，表明沪市自身的非对称效应小于港市自身的非对称效应。

就短期的信息溢出及其非对称效应而言，沪港通之前的 A_{12} 和 D_{12} 都不显著，而 A_{21} 和 D_{21} 都显著，但 D_{21} 显著性较弱（仅在 10% 的水平下显著不为零），表明在沪港通之前存在从港市到沪市的单向信息溢出，并有一定的非对称效应。沪港通之后的 A_{12}、D_{12} 和 A_{21} 的显著水平都无根本性变化，只是 D_{21} 由显著性较弱转变为不显著，这在统计意义上表明，沪港通之后，从港市到沪市的单向信息溢出特征并未发生根本性改变。但从绝对值的大小来看，A_{12} 和 A_{21} 的绝对值在沪港通之后都略微变大，表明两市之间的短期信息溢出效应在沪港通之后有所加强。

就波动溢出的持久效应而言，沪港通之前的 B_{12} 和 B_{21} 都在 1% 的水平下显著不为零，强烈表明两市之间的相互波动溢出都存在持久性。沪港通之后则相反，B_{12} 和 B_{21} 都不显著，说明在沪港通之后，尽管两市之间短期的信息溢出及其非对称效应的显著水平无明显变化，但溢出效应不持久，即溢出效果衰退较快，异地信息带来的波动溢出效果在短期内能得到较快释放，两市之间的信息传递效率得到一定程度的加强。

以上是针对 A、B 和 D 矩阵元素的逐一考察，表 4-4 则汇报了多元素的 Wald 联合检验。表 4-4 的检验结果进一步表明，沪港通之后两市波动关联性的最大变化为波动溢出持久效应的变化。两市波动溢出的持久效应在沪港通之前为联合显著，在沪港通之后为联合不显著。两市波动的总体因果关系和短期的波动溢出效应（信息溢出效应和非对称效应）在沪港通之后都无显著性变化：两市之间的波动在沪港通前后都为双向总体因果关系；沪市对港市的信息溢出及其非对称效应在沪港通前后都联合不显著，而港市的信息溢出及其非对称效应在沪港通前后都联合显著，即沪港通前后都存在从港市向沪市的单向短期波动溢出特征。

表 4-4　沪港两市波动关联性的 Wald 检验

H_0	沪港通之前		沪港通之后	
	χ^2（#）	P	χ^2（#）	P
（1）RS 波动不是 RH 波动的原因：				
$A_{12}=D_{12}=B_{12}=0$	24.347	0.00	7.614	0.05
（2）RH 波动不是 RS 波动的原因：				
$A_{21}=D_{21}=B_{21}=0$	35.671	0.00	9.555	0.02
（3）无短期信息溢出及其非对称效应（双向无）：				
$A_{12}=D_{12}=A_{21}=D_{21}=0$	36.498	0.00	12.264	0.02
（4）无短期信息溢出及其非对称效应（RS to RH）：				
$A_{12}=D_{12}=0$	3.274	**0.20**	3.768	**0.15**
（5）无短期信息溢出及其非对称效应（RH to RS）：				
$A_{21}=D_{21}=0$	34.131	0.00	8.291	0.02
（6）无波动溢出的持久效应（双向无）：				
$B_{12}=B_{21}=0$	11.085	0.00	0.200	**0.90**

注：χ^2（#）为 Wald 检验统计值，（#）为原假设中的零约束数量。

　　沪港通前后两市之间的短期信息溢出及其非对称效应之所以无显著变化，与沪港通所规定的交易区制有关。在 2016 年 12 月 5 日深港通实施之前，沪股通和港股通所规定的每日和年度交易额都只占各市场交易额的较小部分。而且，交易额限制对投资者的交易策略可能会产生影响，因为当投资者明确知道后续交易量被限制时，是否继续增仓难免会有所犹豫。

　　从沪港通可交易股的种类来看，支持本章关于沪港通之后两市波动溢出的持久效应显著减弱（B 矩阵对角元素在沪港通之后转变为不显著），以及短期的波动溢出效应有所加强（A 和 D 矩阵对角元素的绝对值在沪港通之后变大）的观点。沪港通股票范围主要包括上证 180 指数成份股、上证 380 指数成份股、恒生综合大型股指数成份股和恒生综合中型股指数成份股。这些股票都是对两市整体行情影响较大的蓝筹股，沪港通对这些股票的跨市场有限额度交易势必对两市之间的波动关联性产生一定影响。

4.4.3　波动关联性：基于 NIS 方法的进一步分析

　　以上参数显著性分析忽略了市场信息的正负特征，不能区分正负信息对各市场波动性及市场间波动溢出效果的不同影响，本小节借助 NIS 方法对沪港两市的波动关联性作进一步分析。图 4-2 描绘了沪港通之前的条件方差和协方差矩阵 NIS 效果。

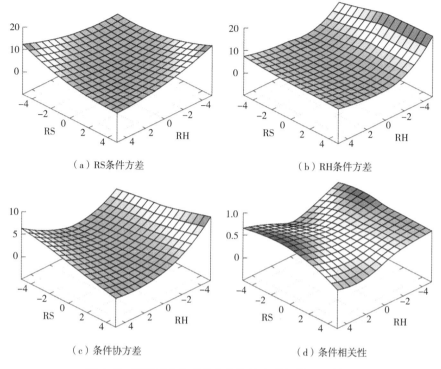

（a）RS条件方差　　　　　　　　　（b）RH条件方差

（c）条件协方差　　　　　　　　　（d）条件相关性

图 4-2　沪港通之前条件方差和协方差矩阵 NIS 效果

从 RS 条件方差 NIS 图来看，RS 条件方差随港市信息含量的变化而有所变化（给定沪市信息的任意水平）。港市信息的波动溢出效应大小取决于两市是否存在相反信息，整体来看，从港市到沪市的信息溢出非对称效应不明显。当沪市信息为正面、港市信息为负面时，出现港市波动溢出的负面非对称效应，此时港市负面信息的溢出效应更大，导致沪市的波动性更大程度地增加；当沪市信息为负面、港市信息为正面时，港市正面信息的溢出效应更大，也可导致沪市的波动性更大程度地增加。当两市信息符号相同时（同时为正面或为负面），RS 波动性明显下降。

从 RH 条件方差 NIS 图来看，沪港通之前的港市波动主要体现为自身滞后负面信息所带来的非对称效应，即港市的负面信息带来本市场更大的波动。NIS 显示，RH 的波动对来自沪市的信息总体上不敏感，但当沪市信息为正面而港市信息为负面时，RH 的波动略微更大。

条件协方差和条件相关性的 NIS 显示，条件协方差和相关性都与 RH 条件方差有较为类似的负非对称特征，即当港市的信息为负时，两市的条件协方差和相关性更大。这一特征随港市的负信息（绝对值）增大而更加明显，在港市出现负面信息极端值（如金融危机）时，两市之间的联动和相关性趋向于最大。这是因为，在沪港通之前港市有较强的自身负非对称效应，且从港市到沪市的信息溢出效应非常显著，而从沪市到港市的信息溢出及其非对称效应都不显著。同时我们也观察到，当港市正面信息与沪市负面信息相组合时，两市的条件协方差和相关性也较大，当两市信息都为正时，条件协方差和相关性都趋于最小。

图4-3描绘的是沪港通之后的条件方差和协方差NIS效果。与沪港通之前相比，有一些不同的发现。RS条件方差的NIS显示，沪港通之后的RS条件方差对自身的信息更为敏感，随着自身信息的变化呈现出较为明显的"U"形。与沪港通之前类似，总体来说，在沪港通之后，港市负面信息对沪市没有显著的非对称溢出效应，但每当两市存在正负面相反信息时，从港市到沪市的信息溢出效应就更大，导致沪市的波动性大幅增加；而当两市存在正负面相同的信息时，沪市的波动性就会相对减弱。

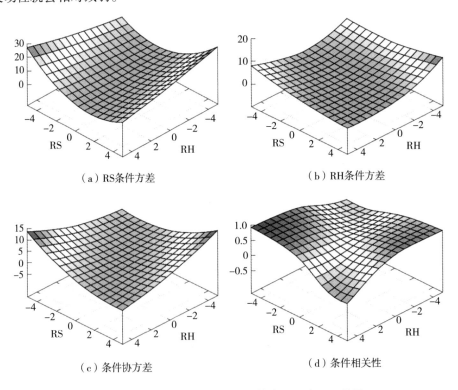

（a）RS条件方差　　　　　　　　　　　（b）RH条件方差

（c）条件协方差　　　　　　　　　　　（d）条件相关性

图4-3　沪港通之后条件方差和协方差矩阵NIS效果

基于 NIS 我们观察到，沪港通之后港市自身的非对称效应依然存在，尤其是当港市信息为负面而沪市信息为正面时，这一特征更为明显。沪港通之后的港市波动对来自沪市的信息变得更为敏感，但这主要体现在沪市信息为负面而同时港市信息为正面时的情形，此时沪市信息更能够加大港市的波动性。

沪港通之后的条件协方差和相关性 NIS 显示出与两市波动的类似之处：当两市信息符号相反时，条件协方差和相关性更大，反之则更小；当两市信息都为正面信息时，条件协方差和相关性最小，并在两市正面信息极值时，条件协方差和相关性均可变为负值。这说明，沪港通之后，当两市都表现不佳时，相关性减弱；当两市都表现良好时，相关性最低，并可能在极端情况下出现负相关。

4.5　本章小结

本章基于二元 ARMA-BEKK-t-AGARCH 模型，采用参数显著性分析和 NIS 方法，考察了沪港通前后两市之间波动关联性的三个方面：信息溢出效应、波动溢出的持久效应和信息溢出的非对称效应。针对波动关联性的三个方面及针对序言当中的问题，主要有如下结论：

根据针对信息溢出效应、持久效应和非对称效应三个方面的综合考查结果认为，沪港两市在沪港通前后都存在波动总体因果关系，沪港两市的波动存在关联性的前提假设成立。

沪港通之后，两市波动关联性的最大变化是波动溢出的长期持久效应显著减弱，从沪港通之前的双向显著转变为双向不显著。两市相互的短期信息溢出效应虽然都有所加强，但在沪港通之后无显著性变化。这说明，沪港通之后，两市之间的信息溢出效果能够在较短时间内得到较充分的体现，两市之间的信息传递速度得到加强，但信息传递力度并无不显著变化。此外，NIS 分析直观地展示了两市股指收益率的联动性（协方差）和相关性在沪港通之前受港市的信息影响更大，这一特征在沪港通之后消失。就沪港两市波动的信息溢出非对称效应而言，在 5% 的显著水平下，在沪港通前后都不显著。但 NIS 分析表明，两市之间的波动溢出效果、协方差和相关系数在两市信息正负面相反时更大，在两市信息正负面相同时减弱，而当两市信息都为正面时最弱。这些特征在沪港通之后更为明显。

本章是沪港两市波动关联性相关研究的有益补充，相关结论对于跨市投资者和市场监管者都有一定的现实参考价值。对跨市投资者来说，首先，沪港两市之间相关性的时变特征要求投资者适时调整对冲率和投资组合权重。其次，投资者应当兼顾两市波动溢出的短期效应和持久效应。沪港通之后两市之间的信息短期溢出效应有所加强而持久效应减弱，会导致两市相关性在较短时间内快速变大，这就要求投资者能够及时调整策略，以减少对冲成本。最后，沪港通之后，两市利多或利空信息的不同组合对波动溢出和相关性的影响更为明显，值得投资者特别关注。当其中一个市场以利多信息为主、另一个市场以利空信息为主时，两市之间的波动溢出效应、非对称效应及相关性会更大；当两市信息皆为利空时，相关性会更小；而当两市信息都为利多时，两市相关性趋向于最小。对此，投资者应根据两市信息特征和变化趋势，适时调整对冲和投资组合策略。对致力于沪港两市持续稳定的市场监管政府部门来说，本章也有一定的参考价值。一方面，沪港通之后，两市信息传递速度加快且短期的信息溢出效应也有所加强，尤其是在目前已经取消港股通和沪股通的股票日交易额度限制之后，因此监管部门应当更加关注两市信息变化对市场的短期冲击，针对较为重大的信息变化可提前做好防范，以免市场发生过度的短期性波动。另一方面，沪港通之后沪港两市波动的差异和潜在的跨市投资行为值得监管者重视。自沪港通以来，沪市的波动性总体大于港市。我们发现，沪港通之后，以港市多头对冲沪市空头的成本大为降低，且风险最小化的两市投资组合中沪市投资的权重只有28%，说明在沪港通之后的样本期间，投资者总体来说更倾向于港市多头和沪市空头的对冲策略，并由此容易形成羊群效应，加大了监管难度和成本。

附录　ARMA-aBEKK-t-GARCH 模型，
WinRats 代码

* ARMA-aBEKK-t-GARCH 模型

* 先导入数据 RS 和 RH

linreg(define = RSeq, noprint)   RS

\# constant RS{1 to 2}

linreg(define = RHeq, noprint)   RH

\# constant

group ar20 RSEQ RHEQ

garch(model = ar20, p = 1, q = 1, mv = bekk, DIST = T, asymmetric, HMATRICES =

HH, ROBUST, \$

pmethod = simplex, piters = 10, iters = 500)

set hrs = sqrt(hh(t)(1,1))

set hrh = sqrt(hh(t)(2,2))

set rho = hh(t)(1,2)/(hrs * hrh)

*

spgraph(vfields = 3, footer = \$

  " Figure 10. 5 Estimate volatilities and time-varying correlations")

graph(header = " (a) RS volatility")

\# hrs

graph(header = " (b) RH volatility")

\# hrh

graph(header = " (c) Time-varying correlations")

\# rho

spgraph(done)

5 波动关联性大小度量方法介绍

5.1 时域上的关联性：溢出指数方法
（DY 溢出指数方法）

本章的时域和频域波动关联性研究主要采用 DY 方法下的时域关联和 BK 方法下的频域关联分析框架。首先，我们将时域关联指数的计算方法简要概述。DY 方法下的关联指数计算依赖于 VAR 模型的广义预测误差方差分解（GFE-VD）。采用 N 个平稳时序的向量 $x_t = (x_{t,1}, x_{t,2}, \cdots, x_{t,N})'$ 所构建的 VAR（P）模型可用式（5.1）来表达：

$$x_t = \Psi(L)\varepsilon_t \tag{5.1}$$

其中，Ψ（L）是 $N \times N$ 维无限滞后多项式矩阵。若选取 $h=1, \cdots, H$ 为展望期，可获取移动平均系数 Ψ_h 的近似值，则广义预测误差分解可表达为：

$$\theta_{jk}(H) = \frac{\sigma_{kk}^{-1} \sum_{h=0}^{H} \left[\left(\Psi_h \sum \right)_{jk} \right]^2}{\sum_{h=0}^{H} \left(\Psi_h \sum \Psi'_h \right)_{jj}} \tag{5.2}$$

其中，Ψ_h 为 $N \times N$ 维移动平均系数矩阵，$\sigma_{kk} = \left(\sum \right)_{kk}$。$\theta_{jk}(H)$ 表示 k 对 j 的预测误差方差的贡献。当 $j \neq k$ 时，$\theta_{jk}(H)$ 解释的是变量 j 的预测误差方差中有多

大比例是由变量 k 的扰动信息所导致。

因为广义系统中每个元素的冲击不是正交化的，方差分解矩阵 θ_H 各行之和不一定等于 1，因此采用各行之和可将 θ_H 中所有元素归一化处理为：

$$\theta'_{jk}(H) = \frac{\theta_{jk}(H)}{\sum\limits_{k=1}^{n} \theta_{jk}(H)} \tag{5.3}$$

需要说明的是，$\theta'_{jk}(H)$ 提供了变量 k 向变量 j 定向溢出的一个标准度量，属于两变量之间的两两溢出效应。相应地，从变量 k 到变量 j 的两两溢出指数为：

$$C_{jk}(H) = 100 \frac{(\theta'_H)_{jk,\ j \neq k}}{\sum (\theta'_H)_{jk}} \tag{5.4}$$

参考式（5.4）可类似地计算从变量 j 到变量 k 的两两溢出指数，从而变量 k 对变量 j 的两两净溢出指数可计算为：

$$C_{jk,\ net}(H) = C_{jk}(H) - C_{kj}(H) \tag{5.5}$$

所有两两变量之间溢出指数之和等于整个系统下的总关联指数，定义为由交叉预测误差方差的贡献总额，不包含自身的预测误差贡献。总关联指数计算为：

$$C_H = 100 \frac{\sum\limits_{k \neq j} (\theta'_H)_{jk}}{\sum (\theta'_H)_{jk}} = 100 \left[1 - \frac{Tr(\theta'_H)}{N} \right] \tag{5.6}$$

Tr（·）表示迹运算符，因此总关联指数是 VAR 系统下所有变量之间的预测方差相对贡献之和，测量整个系统下的总体关联性。参考式（5.6）还可计算两两变量之间的关联指数。此外，变量 j 从所有其他变量 k 接收的溢出被定义为：

$$C_{H,\ j \leftarrow \cdot} = 100 \frac{\sum\limits_{k,\ k \neq j} (\theta'_H)_{jk}}{\sum (\theta'_H)_{jk}} = 100 \frac{\sum\limits_{k,\ k \neq j} (\theta'_H)_{jk}}{N} \tag{5.7}$$

以类似方式，我们可以计算变量 j 对其他所有变量 k 的反向溢出效应为：

$$C_{H,\ \cdot \leftarrow j} = 100 \frac{\sum\limits_{k,\ k \neq j} (\theta'_H)_{kj}}{\sum (\theta'_H)_{kj}} = 100 \frac{\sum\limits_{k,\ k \neq j} (\theta'_H)_{kj}}{N} \tag{5.8}$$

进一步可测度元素 j 对其他所有变量总的净溢出效应：

$$C_{H,\ j} = C_{H,\ \cdot \leftarrow j} - C_{H,\ j \leftarrow \cdot} \tag{5.9}$$

5.2　频域上的关联性：溢出指数方法（BK 溢出指数方法）

在 DY 方法下的时域关联性分析框架基础上，Barunik 和 Krehlik（2018）将 VAR 系统下的广义预测误差方差分解和傅立叶变换相结合，把关联性范畴进一步拓展到频域上的关联性（以下简称 BK 溢出指数方法）。如果将 VAR 系统下的系数 ψ 进行傅立叶转换，可得到频域上的脉冲响应函数，即 $\psi(e^{-ih\omega}) = \sum\limits_{h=0}^{\infty} e^{-ih\omega} \psi_h$，$i = \sqrt{-1}$。因此，在频域 $\omega \in (-\pi, \pi)$ 内的预测误差方差分解可计算为：

$$\theta_{jk}(\omega) = \frac{\sigma_{kk}^{-1} \sum\limits_{h=0}^{\infty} \left[\psi(e^{-ih\omega}) \sum \right]_{jk}^{2}}{\sum\limits_{h=0}^{\infty} \left[\psi(e^{-ih\omega}) \sum \psi(e^{ih\omega}) \right]_{jj}} \tag{5.10}$$

其中，$\theta_{jk}(\omega)$ 表示 k 变量的扰动信息冲击所导致的 j 变量在频域 ω 内的频谱比率。由式（5.10）可知，展望期 h 的选择对 $\theta_{jk}(\omega)$ 频的计算结果影响不大。

类似于时域分析，式（5.10）可做归一化处理：

$$\theta'_{jk}(\omega) = \frac{\theta_{jk}(\omega)}{\sum\limits_{h=1}^{n} \theta_{jk}(\omega)} \tag{5.11}$$

$\theta'_{jk}(\omega)$ 度量了从变量 k 到变量 j 在给定频域 ω 内的溢出效应，是频域内关联性分析的一个重要指标。相较之下，$\theta'_{jk}(H)$ 在时域关联分析中度量的是从变量 k 到变量 j 在展望期为 H 时的溢出效应，关注的是所有频率下总体的扰动信息冲击，忽略了扰动信息在不同频率下冲击效果的异质性。近年来，经济金融领域的关联性研究更感兴趣的是长期和短期频率下的不同关联性，而不是仅仅局限于某单一频率。如果在 ω 中任意选取一个频带 $d = (a, b): a, b \in (-\pi, \pi)$，在这个频带 d 上的累积关联性可获得：

$$\theta'_{jk}(d) = \int_a^b \theta'_{jk}(\omega)\, d\omega \tag{5.12}$$

基于 $\theta'_{jk}(d)$，可进一步在频域上计算 Diebold 和 Yilmaz（2012）在时域关联分析中提出的各项关联指标。例如，在频带 d 上的频域内，关联指数可计算为：

$$C^d = 100 \frac{\sum_{k \neq j} \theta'_{jk}(d)}{\sum \theta'_{jk}(d)} = 100 \left\{ 1 - \frac{Tr\left[\theta'_{jk}(d)\right]}{N} \right\} \tag{5.13}$$

我们注意到，C^d 度量的是在频带 d 内的关联性，C^d 越大则在该频带内的关联性越大，但有可能该频带内的关联对整个系统下的总体关联（C_H）的贡献较小。为获得给定频带对总体关联的贡献，需对各频带内的关联性度量赋予权重：

$$\tilde{C}^d = C^d \cdot \Gamma(d) \tag{5.14}$$

式中，频谱权重 $\Gamma(d) = \dfrac{\sum_{jk=1}^{n} \theta'_{jk}(d)}{\sum_{jk=1}^{n} \theta'_{jk}} = \dfrac{\sum_{jk=1}^{n} \theta'_{jk}(d)}{n}$，反映了频带 d 对整个 VAR 系统下总关联性的贡献；C^d 则是基于式（5.13）所得在频带 d 内的关联性。为了便于区分，我们将 $\tilde{C}^d$ 和 C^d 分别称为频域关联指数和频域内关联指数。例如，针对周频，则有 1 周的频域关联和 1 周的频域内关联之分。须知，所有频域关联指数之和等于总关联指数，即 $C_H = \sum_d \tilde{C}^d$。频域关联通常是频域分析的重点，但频域内关联的概念有助于避免针对不同频率下关联性的认识偏差。

5.3 区制依赖下的关联性及其非对称效应的测度方法

5.3.1 分区制溢出指数和区制概率加权算法

本章将基于 MS-VAR 模型来测量沪港股市之间波动溢出的非对称效应。由于在估算波动溢出的非对称效应之前需先分区制估算正向和负向波动的溢出效应，故在介绍波动溢出非对称效应测量方法之前，先对 MS-VAR 模型框架下的分区制溢出指数方法进行介绍。MS-VAR 模型的一般形式为：

$$y_t = C(s_t) + A_1(s_t)y_{t-1} + \cdots + A_p(s_t)y_{t-p} + u_t \tag{5.15}$$

其中，$C(s_t)$ 为截距项；$A_1(s_t)\cdots A_p(s_t)$ 为 y_t 向量的滞后项系数；残差 u_i 为 $NID[0, \sum(s_t)]$；s_t 为不可观测的区制状态变量，反映各区制状态的概率。

构建 MS-VAR 模型之后，依据 DY 广义溢出指数方法，可分区制计算溢出指数。

首先，可将式（5.15）转换为分区制的向量移动平均模型（VMA）：

$$\frac{y_t}{s_t} = \omega_k + \sum_{j=0}^{\infty} A_{k, j} u_{s, t-j} \tag{5.16}$$

$A_{k, j}$ 是 $(n \times n)$ 矩阵遵循式（5.17）递归：

$$A_{k, j} = \sum_{i=1}^{p} \Phi_{k, i} A_{k, j-i} \tag{5.17}$$

起始值为 $A_{k, 0} = I_n$，且当 $j < 0$ 时，$A_{k, j} = 0$。向量 ω_k 是 v_k 的无穷阶逆自回归滞后算子，即 $\omega_k = (I_n - \sum_{i=1}^{p} \Phi_{k, i})^{-1} v_k$。进而，在区制 K 下的向前 h 步广义预测误差方差分解（GFEVD）为：

$$\theta_{k, ji} = \frac{\sigma_{k, jj}^{-1} \sum_{i=0}^{h-1} (e'_i A_{k, i} \sum_{k} e_j)^2}{\sum_{i=0}^{h-1} (e'_i A_{k, i} \sum_{k} A'_{k, i} e_i)} \tag{5.18}$$

其中，$\sigma_{k, jj}$ 是 MS-VAR 模型中第 j 等式误差项的标准差。e_i 是选择列向量，其中第 i 元素等于 1，其他元素为零。由于广义方差分解是基于广义脉冲响应函数，方差分解表中每一行总和 $\sum_{i=1}^{n} \theta_{k, ji} \neq 1$，因此可归一化处理使每行之和等于 1：

$$\widetilde{\theta}_{k, ji} = \frac{\theta_{k, ji}}{\sum_{j=1}^{n} \theta_{k, ji}} \tag{5.19}$$

在 GFEVD 的基础上，可定义区制 K 下的总溢出指数（又可称为总关联指数，TCI_k），以衡量市场之间总的关联效应，即所有两两双向溢出效应之和为：

$$TCI_k = \frac{1}{n} \sum_{\substack{i,\,j=1 \\ i \neq j}}^{n} \widetilde{\theta}_{k,\,ji} \tag{5.20}$$

相应地，在多市场系统下，市场 i 对市场 j 的单向溢出指数为：

$$T_{k,\,ji} = \frac{1}{n} \widetilde{\theta}_{k,\,ji} \tag{5.21}$$

为考察单个市场对其他市场总的溢出大小和方向，可分别估算市场 i 所接收的来自其他市场的总溢入（$F_{k,\,i}$），以及市场 i 对其他市场的总溢出（$T_{k,\,i}$）：

$$F_{\substack{k,\,i \\ all \to i}} = \frac{1}{n} \sum_{\substack{j=1 \\ i \neq j}}^{n} \widetilde{\theta}_{k,\,ij} \tag{5.22}$$

$$T_{\substack{k,\,i \\ i \to all}} = \frac{1}{n} \sum_{\substack{i=1 \\ i \neq j}}^{n} \widetilde{\theta}_{k,\,ji} \tag{5.23}$$

基于以上各区制溢出指数，并以区制概率（P_k）为权重，可获得 MS-VAR 模型下的区制加权溢出指数系列。例如，总溢出效应指数的区制加权算法为：

$$TCI = \frac{1}{n} \sum_{k=1}^{r} \sum_{\substack{i,\,j=1 \\ i \neq j}}^{n} P_k \widetilde{\theta}_{k,\,ij} \tag{5.24}$$

其中，P_k 为区制 k 的概率，作为区制加权的权重；r 为区制划分的总数。

5.3.2 非对称溢出效应的分区区制量和区制概率加权算法

针对两地股市波动的非对称溢出效应，我们采用正向波动和负向波动分别构建 MS-VAR 模型并计算各区制下的溢出指数，进而计算 SAM。在区制 k 下，本章将 SAM 分为无向和有向两类。区制 k 下的总 SAM 指标没有方向性，记为 $SAM(TCI_k)$，定义为两地股市在区制 k 下的正向波动总溢出指数（$TCI_{k,+}$）减去负向波动总溢出指数（$TCI_{k,-}$）：

$$SAM(TCI_k) = TCI_{k,+} - TCI_{k,-} \tag{5.25}$$

在区制 k 下的有向 SAM 包含市场 i 所接收的来自其他所有市场的波动溢入非对称效应记为 $SAM(F_{k,i})$，市场 i 对其他所有市场的波动溢出非对称效应记为 $SAM(T_{k,i})$，以及市场 i 对市场 j 的单向非对称溢出效应记为 $SAM(T_{k,ji})$。有向溢出非对称效应的计算与无向的同理。例如，$SAM(T_{k,ji})$ 为市场 i 对市场 j 的正向波动溢出指数（$T_{k,ji,+}$）减去市场 i 对市场 j 的负向波动溢出指数（$T_{k,ji,-}$），

反映了从市场 i 向市场 j 波动溢出方向上的非对称效应：

$$SAM(T_{k,ji}) = T_{k,ji,+} - T_{k,ji,-} \qquad (5.26)$$

为反映多区制下非对称溢出效应的综合表现，并与单区制下的计算结果相比较，需计算区制加权的非对称溢出指标。例如，区制加权的总 SAM 定义为正向波动的区制加权总溢出指数（TCI_+）减去负向波动的区制加权总溢出指数（TCI_-）：

$$SAM(TCI) = TCI_+ - TCI_- \qquad (5.27)$$

5.4　其他溢出测度方法

除了以上介绍的几种溢出大小的测度方法，近年来涌现出不少其他的溢出测度方法，其中较为常用的方法包括基于 TVP-VAR-SV 模型和分位向量自回归模型（QVAR 模型）。这些溢出方法都是基于 DY 溢出指数方法的延伸和拓展，各自有其优点和不足，本书在之后的相关应用中将予以更为详细的介绍。

6 基于 DY 溢出指数方法的沪港股市波动关联性测度结果

6.1 数据介绍和初步分析

为了研究沪港股市的波动关联性，本章采用 2000 年 1 月 4 日至 2023 年 8 月 22 日两地股市的日度行情数据，数据来源于 Wind 数据库。波动率估算方法有多种，本节采用极差波动。参考 Garman 和 Klass（1980）的研究，极差波动可通过式（6.1）计算：

$$\widetilde{\sigma}_{it}^2 = 0.511(H_{it}-L_{it})^2 - 0.019[(C_{it}-O_{it})(H_{it}+L_{it}-2O_{it})-2(H_{it}-O_{it})(L_{it}-O_{it})] - 0.383(C_{it}-O_{it})^2 \tag{6.1}$$

其中，H_{it}、L_{it}、O_{it} 和 C_{it} 分别为每股的每日最高价、最低价、开盘价和收盘价（对数值）。相应的年化极差波动率为 $\hat{\sigma}_{it} = 100\sqrt{365 \cdot \sigma_{it}^2}$，沪市和港市的极差波动分别记为 Ranged_V1 和 Ranged_V2。与基于日内高频数据计算的已实现波动相比较，极差波动在信息效率方面相近，同样能反映日内信息，但不受微观市场的噪声影响，而且极差波动基于日频行情数据即可计算，更具有可操作性。关于极差波动更详细的介绍可参考 Alizadeh 等（2002）。

表 6-1 报告了沪港股市极差波动的统计概述和基本检验。应注意到，相比之

下，沪市极差波动的均值和方差都略大于港市极差波动的均值和波动。港市极差波动的偏差（方差）较小，说明港市对波动扰动信息冲击下的抗御能力比沪市更强，显得更为成熟和平稳。沪市和港市的极差波动都存在右偏，且后者存在显著超额峰度，JB 检验显示两市极差波动都为非正态分布。ERS 单位根检验结果表明，两者都在 1% 的显著水平下平稳。根据 LB 检验结果可知，两市极差波动都有显著的积聚性，存在异方差现象。

表 6-1　极差波动率的统计概述与检验

指标	Ranged_V1	Ranged_V2
均值	2.797	2.648
方差	0.328	0.265
偏度	0.365***	0.355***
超额峰度	-0.022	0.338***
JB 检验	123.390***	143.341***
ERS 检验	-6.366***	-7.846***
Q（10）	8209.391***	6966.474***
Q^2（10）	8246.317***	7339.442***

注：ERS 检验为去除趋势后的单位根检验；Q^2（10）为残差平方滞后 10 期的 Ljung-Box 自相关检验（异方差检验）；*** 表示 1% 的显著性水平下拒绝原假设（H_0：不存在异方差）；两市极差波动为年化极差波动的对数值。

6.2　沪港股市波动关联性的静态分析

基于 5.1 介绍的时域溢出指数方法（DY 溢出指数方法），样本采用 2000 年 1 月 4 日至 2023 年 8 月 22 日的沪市和港市极差波动（年化极差波动率的对数值），我们估算了两市波动的溢出关系。表 6-2 给出的是全样本的静态估算结果。可见，静态估算结果表明，两市波动总体上关联性较低，相互溢出指数分别都不到15%，即各市波动的85%是由自身的扰动信息所致。相对而言，沪市对港市的波动溢出略大，表现为较弱的波动溢出者，但相互溢出大小相差不大。

表 6-2 沪港股市波动溢出静态估算

指标	Ranged_V1	Ranged_V2	From
Ranged_V1	87.39	12.61	12.61
Ranged_V2	13.09	86.91	13.09
To	13.09	12.61	25.7
Inc. Own	100.48	99.52	TCI
NET	0.48	-0.48	12.85

注：Ranged_V1 和 Ranged_V2 分别为沪市和港市的极差波动（年化对数值）。

6.3 沪港股市波动关联性的动态分析

为了考察两市波动溢出的动态变化，我们进一步采用滚动窗口分析方法估算两市波动的溢出关系。滚动窗口为 200 天，展望期为 10 期，VAR 滞后期根据 BIC 信息法则选用了 8 期，图 6-1 为滚动估算结果。图 6-1（a）刻画的是两市波动的总关联指数（*TCI*），可见两者总体上关联性呈现上升趋势，但有明显的高低起落变化，在一些较为动荡时段，如金融危机、欧债危机、沪市股灾、中美贸易战及新冠疫情之后两者关联性都有较大增强。

图 6-1（b）刻画的是沪港两市波动溢出的方向性。其中，TO（Ranged_V1）为沪市对港市的波动溢出，TO（Ranged_V2）为港市对沪市的波动溢出，两者总体上相差不大；沪市对港市较大的溢出贡献主要表现在 2015 年下半年及 2022 年 3 月之后出现较大反弹时（以上海等地相继加强封控管理为例）；而港市对沪市的波动净溢出最大时段为 2020 年初，表明港市作为国际性金融市场较大地受到国际性重大恶性事件的干扰冲击并蔓延至我国内地股市。

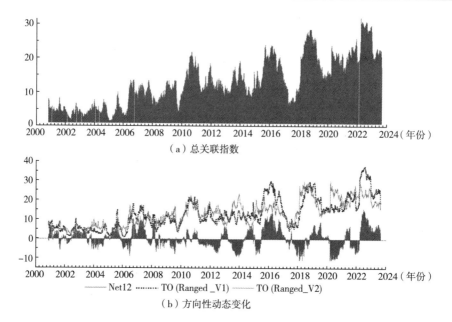

（a）总关联指数

———— Net12 ·········· TO (Ranged _V1) ———— TO (Ranged_V2)

（b）方向性动态变化

图 6-1　沪港两市极差波动的总关联指数（TCI）和方向性的动态变化

附录　DY 溢出指数方法，WinRats 代码

基于 VAR 模型的溢出指数构建 ［参见 Diebold 和 Yilmaz（2012）］：

* open data dy_ijf2012_data. xlsx * 可导入自己的数据替换原始数据。

data（format＝xlsx，org＝columns，right＝5）1 2771 sp500 r_10y djubscom usdx

*

dec hash［string］shorthash longhash

compute shorthash（"sp500"）＝"Stocks"，\$

　　　　longhash（"sp500"）＝"Stock market － S&P 500 Index"

compute shorthash（"r_10y"）＝"Bonds"，\$

　　　　longhash（"r_10y"）＝"Bond Market － 10-year Interest Rate"

compute shorthash（"djubscom"）＝"Commodities"，\$

　　　　longhash（"djubscom"）＝"Commodity Market － DJ/UBS Index"

compute shorthash（"usdx"）＝"FX"，\$

```
        longhash( "usdx" ) = "FX Market - US Dollar Index Futures"
*
spgraph( vfields = 2, hfields = 2, $
   header = "Figure 1. Daily U. S. Financial Market Volatilities", $
   subheader = "Annualized Standard Deviation, Percent" )
   dofor i = sp500 r_10y djubscom usdx
      set ann_std_dev = 100 * sqrt( 365 * i{0} )
      graph( header = longhash( %l( i ) ) )
      # ann_std_dev
   end dofor i
spgraph( done )
*
dofor i = sp500 r_10y djubscom usdx
   set i = log( i{0} )
end do i
*
table / sp500 r_10y djubscom usdx
*
compute nlags = 4
compute nsteps = 10
compute usegirf = 1
* If you make usegirf = 1, this will use the generalized spillover
* or you can make usegirf = 0 for the Choleski factorization,
*
system( model = assetvar )
variables sp500 r_10y djubscom usdx
lags 1 to nlags
det constant
end( system )
```

```
estimate
compute rstart = %regstart( ) , rend = %regend( )
 *
dec vect[ string] shortlabels( %nvar) longlabels( %nvar)
ewise shortlabels( i) = shorthash( %l( %modeldepvars( assetvar) ( i) ) )
ewise longlabels( i) = longhash( %l( %modeldepvars( assetvar) ( i) ) )
 *
 * Produce the appropriate "factor" matrix from %sigma
 *
function FactorMatrix
type rect FactorMatrix
if usegirf
    compute FactorMatrix = %sigma * inv( %diag( %sqrt( %xdiag( %sigma) ) ) )
else
    compute FactorMatrix = %decomp( %sigma)
end
 *
compute gfactor = FactorMatrix( )
errors( model = assetvar, steps = nsteps, factor = gfactor, stderrs = gstderrs, noprint, re-
sults = gfevd)
compute gfevdx = %xt( gfevd, nsteps)
 *
dec vect tovar( %nvar) fromvar( %nvar) tototal( %nvar)
ewise fromvar( i) = %sum( %xrow( gfevdx, i) ) −gfevdx( i, i)
ewise tovar( i) = %sum( %xcol( gfevdx, i) ) −gfevdx( i, i)
ewise tototal( i) = tovar( i) +1 −fromvar( i)
compute spillover = 100. 0 * %sum( tovar) /%nvar
 *
report( action = define, title = "Table 2. Volatility Spillover Table, Four Asset Classes" )
```

```
report( atrow = 1 , atcol = 2 , align = center , fillby = rows )  shortlabels

report( atrow = 2 , atcol = 1 , fillby = cols )  shortlabels

report( atrow = 2 , atcol = 2 )  100. 0 * gfevdx

report( atrow = %nvar+2 , atcol = 1 , fillby = rows )  "Contribution to others"  100. 0 * tovar

report( atrow = %nvar+3 , atcol = 1 , fillby = rows )  "Contribution including own"  100. 0 *
tototal

report( atcol = %nvar+2 , atrow = 1 )  "From Others"

report( atcol = %nvar+2 , atrow = 2 , fillby = cols )  100. 0 * fromvar

report( atrow = %nvar+2 , atcol = %nvar+2 , fillby = cols )  100. 0 * %sum( tovar )

report( atrow = %nvar+3 , atcol = %nvar+2 , align = right )  %strval( spillover , " ##.
#" )+"%"

report( atrow = 2 , atcol = 2 , torow = %nvar+1 , tocol = %nvar+1 , action = format , pic-
ture = " * . ##" )

report( atrow = %nvar+2 , torow = %nvar+3 , atcol = 1 , tocol = %nvar+2 , action = for-
mat , picture = " ###. #" )

report( atcol = %nvar+2 , atrow = 2 , torow = %nvar+2 , action = format , picture = " ###. #" )

report( action = show )

*

* Rolling sample analysis

*

compute nspan = 200

*

dec series totalspill

dec symm pairvar( %nvar , %nvar )

dec vect[ series ] fromspill( %nvar )  tospill( %nvar )  netspill( %nvar )

dec symm[ series ]  pairspill( %nvar , %nvar )

clear( zeros )  fromspill topspill totalspill netspill pairspill

*

do end = rstart+nspan−1 , rend
```

```
estimate(noprint) end-nspan+1 end
*
* Skip any data points where the rolling VAR has an explosive root.
*
eigen(cvalues=cv) %modelcompanion(assetvar)
if %cabs(cv(1))>=1.0 {
    compute totalspill(end)=%na
    next
}
compute gfactor=FactorMatrix()
errors(model=assetvar,steps=nsteps,factor=gfactor,noprint,results=gfevd)
compute gfevdx=%xt(gfevd,nsteps)
ewise tovar(i)=%sum(%xcol(gfevdx,i))-gfevdx(i,i)
ewise fromvar(i)=%sum(%xrow(gfevdx,i))-gfevdx(i,i)
ewise pairvar(i,j)=gfevdx(i,j)-gfevdx(j,i)
compute totalspill(end)=100.0*%sum(tovar)/%nvar
compute %pt(fromspill,end,100.0*fromvar)
compute %pt(tospill,end,100.0*tovar)
compute %pt(netspill,end,100.0*(tovar-fromvar))
compute %pt(pairspill,end,100.0*pairvar)
end do end
*
graph(header="Figure 2. Total Volatility Spillovers,Four Asset Classes")
# totalspill rstart+nspan-1 rend
*
spgraph(vfields=2,hfields=2, $
    header="Figure 3. Directional Volatility Spillovers,FROM Four Asset Classes")
do i=1,%nvar
    graph(header=longlabels(i),style=bar)
```

```
      # fromspill( i) rstart+nspan−1 rend
end do i
spgraph( done)
*
spgraph( vfields=2,hfields=2,$
   header="Figure 4.  Directional Volatility Spillovers,TO Four Asset Classes")
do i=1,%nvar
   graph( header=longlabels( i) ,style=bar)
   # tospill( i) rstart+nspan−1 rend
end do i
spgraph( done)
*
spgraph( vfields=2,hfields=2,$
   header="Figure 5.  Net Volatility Spillovers,Four Asset Classes")
do i=1,%nvar
   graph( header=longlabels( i) ,style=bar)
   # netspill( i) rstart+nspan−1 rend
end do i
spgraph( done)
*
spgraph( vfields=3,hfields=2,$
   header="Figure 6.  Net Pairwise Volatility Spillovers")
   do i=1,%nvar
      do j=i+1,%nvar
         graph( header=shortlabels( i) +"—" +shortlabels( j) ,style=bar)
         # pairspill( i,j)
      end do j
   end do i
spgraph( done)
```

7 沪港股市金融行业的波动关联性测度

——基于时域和频域溢出指数方法

7.1 数据介绍和初步分析

为了研究沪港股市金融行业的波动关联性，本章根据数据可得性，从两市的银行、保险和证券三个金融子行业中，选取较有代表性（总资产规模和市值较大）且上市时间较早的中国工商银行（以下简称 GS）、中国建设银行（以下简称 JS）、中国平安保险（以下简称 PA）、中国人寿保险（以下简称 RS）和中信证券（以下简称 ZX），这五家公司在沪市为沪通股，在港市为港通股和 H 股。采用 2012 年 8 月 23 日至 2019 年 12 月 3 日的日度数据，原始数据来源于 Wind 数据库。我们用 a 和 b 分别表示沪市和港市的行业。波动率估算方法有多种，本章采用极差波动。参考 Garman 和 Klass（1980），极差波动可计算为：

$$\tilde{\sigma}_{it}^2 = 0.511(H_{it}-L_{it})^2 - 0.019[(C_{it}-O_{it})(H_{it}+L_{it}-2O_{it}) - 2(H_{it}-O_{it})(L_{it}-O_{it})] -$$
$$0.383(C_{it}-O_{it})^2 \tag{7.1}$$

其中，H_{it}、L_{it}、O_{it} 和 C_{it} 分别为每股的每日最高价、最低价、开盘价和收盘价（对数值）。相应的年化极差波动率为 $\hat{\sigma}_{it} = 100\sqrt{365 \cdot \sigma_{it}^2}$。与基于日内高频数据计算的已实现波动相比，极差波动在信息效率方面相近，同样能反映日内信息，但不受微观市场的噪声影响，而且极差波动基于日频行情数据即可计算，更具有可操作性。关于极差波动更详细的介绍可参考 Alizadeh 等（2002）。

表 7-1 报告了沪港股市极差波动的统计概述与检验。GSa、JSa、PAa、RSa 和 ZXa 分别代表沪市工行、沪市建行、沪市平安、沪市人寿和沪市中信的年化极差波动率；GSb、JSb、PAb、RSb 和 ZXb 分别代表港市工行、港市建行、港市平安、港市人寿和港市中信的年化极差波动率。两市的个股排序依据各股在 2019 年底的总资产高低。注意到，沪港两市的金融个股资产越高，其波动率均值和偏差（标准差）就都越小，说明个股的资产规模越大则其对波动扰动信息冲击的抗御能力越强。各股波动都存在正偏度和超额峰度，为非正态分布。ADF 和 ERS 单位根检验结果表明，所有变量都在 1% 的显著水平下平稳。根据 LB 检验结果可知，两市金融各股波动都有显著的积聚性，存在异方差现象。

表 7-1　沪港股市极差波动的统计概述与检验

指标	GSa	JSa	PAa	RSa	ZXa	GSb	JSb	PAb	RSb	ZXb
均值	20.77	23.28	30.02	34.93	36.41	23.34	22.09	28.76	30.85	40.38
σ	15.64	17.68	18.55	22.31	23.59	10.04	9.75	13.83	13.14	23.99
偏度	3.75	3.32	2.91	2.57	2.37	1.82	1.73	2.04	1.63	3.79
峰度	22.95	17.65	16.51	10.07	9.26	7.81	6.11	7.59	4.92	28.60
ADF	-6.84***	-6.49***	-5.95***	-7.32***	-5.57***	-9.02***	-8.22***	-8.15***	-7.41***	-6.84***
ERS 检验	-6.36***	-5.09***	-4.45***	-4.67***	-5.81***	-8.73***	-8.19***	-8.15***	-8.86***	-8.41***
$Q^2(20)$	706.57***	629.99***	458.56***	958.71***	476.32***	176.40***	334.63***	645.37***	613.46***	291.72***

注：表中的 ERS 检验为去除趋势后的单位根检验；$Q^2(20)$ 为残差平方滞后 20 期的 Ljung-Box 自相关检验（异方差检验）；*** 表示 1% 的显著性水平下拒绝原假设（H_0：不存在异方差）；表头中的 a 和 b 分别表示沪市和港市的行业。

7.2 沪港金融业波动关联和传导网络的静态分析

7.2.1 波动关联的度量：基于总、本市场和跨市场的波动关联指数

本章根据 AIC 法则选择构建滞后 5 期的 VAR（5）模型，在此框架下分别采用 DY 方法和 BK 方法测度沪港金融行业 10 只股票之间的时域和频域波动关联性。表 7-2 给出的是 DY 方法下的时域波动关联指数，其中对角线之外的各列表示个股 j 向其他个股 i 的波动溢出，各行表示个股 i 所接受的来自其他个股 j 的波动溢入。表 7-2 显示，沪港金融业的波动总关联指数为 68.11%，表明沪港两市金融行业的波动在总体上有较高的关联性。根据 T 行（或 F 列），可以判断个股波动溢出（或溢入）对系统内波动总关联的贡献，而波动关联中心度（DC）则从波动溢出和波动溢入两方面综合考查个股在系统内的重要性。总体而言，保险业和证券业对两市金融业的波动总关联贡献较大，这两个行业的个股都有较大的溢出效应和中心度。其中，沪市人寿的波动溢出指数和中心度都最大，分别为 9.17% 和 1.77%。两市最小的波动溢出和中心度来自沪市工行和港市建行。但注意到，沪港两市银行业的波动溢出主要体现在本市场本行业股之间。例如，沪市工行和沪市建行的最大波动溢出对象互为对方，分别为 16.50% 和 21.90%，远超两者对沪市其他股的波动溢出。港市工行和港市建行的情形类似。

表 7-2　时域波动关联指数　　　　单位：%

i \ j	GSa	JSa	PAa	RSa	ZXa	GSb	JSb	PAb	RSb	ZXb	F
GSa	26.88	21.90	11.27	12.41	7.87	3.47	3.27	4.75	2.78	5.40	7.31
JSa	16.50	31.10	11.40	13.28	9.18	2.99	3.24	4.40	2.65	5.27	6.89
PAa	9.04	12.81	27.80	17.59	11.91	1.93	1.78	7.23	3.91	6.00	7.22

续表

i\j	GSa	JSa	PAa	RSa	ZXa	GSb	JSb	PAb	RSb	ZXb	F
RSa	7.47	11.32	15.58	32.50	13.36	1.78	1.39	5.48	5.51	5.62	6.75
ZXa	6.45	10.78	13.62	15.02	32.60	1.83	1.70	4.61	3.79	9.58	6.74
GSb	5.50	5.83	3.33	3.28	3.38	33.99	18.79	10.48	7.53	7.89	6.60
JSb	5.38	6.47	3.33	3.05	3.38	18.57	36.03	10.36	6.39	7.05	6.40
PAb	4.47	5.64	9.40	8.56	6.12	7.11	6.78	32.01	11.89	8.02	6.80
RSb	3.20	4.08	6.31	9.28	6.21	6.99	5.78	15.42	34.87	7.85	6.51
ZXb	5.61	7.30	9.23	9.25	11.95	5.37	4.54	9.10	6.49	31.15	6.88
T	6.36	8.61	8.35	9.17	7.33	5.01	4.73	7.18	5.09	6.27	**68.11**
DC	1.52	1.72	1.73	**1.77**	1.56	1.29	1.24	1.55	1.29	1.46	

注：黑体数字为总关联性指数。"T"行和"F"列分别为个股的波动溢出指数和溢入指数。

表7-2只给出了沪港金融业的总体关联指数，为了更精确地比较本市场内和跨市场的波动关联差异，我们将VAR系统（含10个沪港金融股）下的波动总关联分为本市场波动关联和跨市场波动溢出。根据表7-2的结果，可计算得到沪市和港市金融业的本市场波动关联指数分别为24.88%和18.24%，即沪市金融业的波动关联性高于港市，表明沪市金融业的系统性风险更高。其中，沪市人寿的本市场波动溢出指数为5.83%，对沪市金融业波动关联的贡献最大，而港市平安的本市场波动溢出指数为4.54%，对港市金融业的波动关联贡献最大。

根据表7-2的结果，我们计算了不含本市场波动溢出的跨市场波动溢出指数，包含沪市（或港市）金融业对港市（或沪市）金融业的跨市场波动溢出指数。沪市对港市的跨市场波动溢出指数为14.95%，其中沪市人寿对港市金融业的跨市场波动溢出最大，为3.34%。而港市对沪市的跨市场波动溢出指数为10.04%，其中港市中信对沪市金融业的跨市场波动溢出最大，为3.19%。显然，就跨市场波动关联而言，港市对沪市的波动溢出小于沪市对港市的波动溢出。正如表7-2所示，沪市金融业（除了沪市工行）对港市金融业的波动溢出普遍高于港市对沪市的反向波动溢出。同时，比较可见，沪港金融业的跨市场波动关联性（14.95%和10.04%）小于本市场内的波动关联性（24.88%和18.24%）。

在频域上，遵循 BK 方法对波动关联进行分解，表7-3 和表7-4 分别给出了 1 周和 1 周以上的沪港金融业频域波动关联指数。可见，较低频（1 周以上）的波动关联性为 48.73%，对波动总关联性（即时域上的波动关联性）的贡献更大，而较高频（1 周）的总关联性只有 19.38%。可见，沪港金融业的波动总关联主要体现在长期，这意味着两市长期的波动关联是市场管理者在维护市场稳定时应予以更多关注的侧重点。而对投资者来说，投资组合多样化的机会在短期更高。

表7-3　沪港金融业频域波动关联指数（1 周）　　　　单位：%

i＼j	GSa	JSa	PAa	RSa	ZXa	GSb	JSb	PAb	RSb	ZXb	F
GSa	10.96	5.34	2.24	2.02	1.26	1.04	0.78	0.82	0.58	1.33	1.54
JSa	4.85	10.01	2.27	2.15	1.52	0.84	0.72	0.79	0.48	1.02	1.46
PAa	2.57	2.73	11.84	5.16	3.45	0.65	0.60	2.12	1.35	1.61	2.02
RSa	2.22	2.62	5.19	11.82	3.32	0.60	0.41	1.62	1.62	1.38	1.90
ZXa	1.41	1.78	3.14	3.12	11.90	0.41	0.34	0.92	0.79	1.79	1.37
GSb	1.74	1.42	0.97	1.00	0.58	19.65	8.73	3.41	3.32	2.73	2.39
JSb	1.30	1.30	0.92	0.65	0.53	8.86	19.47	2.80	2.52	2.15	2.10
PAb	1.27	1.37	2.83	2.16	1.24	3.06	2.58	15.89	5.80	3.08	2.34
RSb	1.13	1.04	1.98	2.43	1.21	3.45	2.54	6.84	19.76	2.69	2.33
ZXb	1.90	1.84	1.99	1.77	2.50	2.36	1.87	2.84	2.12	14.96	1.92
T	1.84	1.94	2.15	2.05	1.56	2.13	1.86	2.22	1.86	1.78	**19.38**
DC	0.38	0.38	0.46	0.44	0.33	0.50	0.44	**0.51**	0.47	0.41	

注：黑体数字为 1 周的波动关联性指数。"T" 行和 "F" 列分别为 1 周的波动溢出指数和溢入指数。

表7-4　沪港金融业频域波动关联指数（1 周以上）　　　　单位：%

i＼j	GSa	JSa	PAa	RSa	ZXa	GSb	JSb	PAb	RSb	ZXb	F
GSa	15.93	16.56	9.03	10.39	6.61	2.43	2.49	3.93	2.20	4.06	5.77
JSa	11.65	21.09	9.13	11.13	7.66	2.16	2.52	3.60	2.17	4.25	5.43
PAa	6.46	10.07	15.96	12.43	8.46	1.29	1.19	5.11	2.56	4.39	5.20

i \ j	GSa	JSa	PAa	RSa	ZXa	GSb	JSb	PAb	RSb	ZXb	F
RSa	5.25	8.69	10.39	20.67	10.03	1.18	0.98	3.86	3.89	4.25	4.85
ZXa	5.04	9.00	10.49	11.90	20.70	1.43	1.35	3.70	3.00	7.79	5.37
GSb	3.76	4.41	2.36	2.28	2.80	14.34	10.05	7.07	4.21	5.16	4.21
JSb	4.08	5.17	2.40	2.40	2.85	9.71	16.56	7.55	3.87	4.90	4.29
PAb	3.20	4.28	6.56	6.40	4.88	4.05	4.20	16.12	6.09	4.94	4.46
RSb	2.07	3.04	4.33	6.85	5.00	3.54	3.24	8.58	15.11	5.16	4.18
ZXb	3.71	5.47	7.24	7.48	9.45	3.01	2.67	6.26	4.36	16.20	4.97
T	4.52	6.67	6.19	7.13	5.77	2.88	2.87	4.97	3.24	4.49	**48.73**
DC	1.14	1.34	1.27	1.33	1.24	0.79	0.80	1.05	0.82	1.05	

注：黑体数字为 1 周以上波动关联性指数。"T"行和"F"列分别为 1 周以上的波动溢出指数和溢入指数。

　　由于 1 周以上的长期波动关联对波动总关联的贡献较大，因此沪港金融业的长期波动关联与时域上的波动总关联特点类似：在行业个股方面，沪港两市的保险业股和证券业股总体上有更高的长期波动溢出和中心度，两市最小的长期波动溢出者分别为沪市工行（4.52%）和港市建行（2.87%），但沪市建行对本市场的沪市工行有较大的长期波动溢出。沪市的本市场长期波动关联（19.04%）高于港市（10.86%）[①]。沪市金融业对港市金融业的跨市场长期波动溢出（11.25%）高于港市的反向跨市场长期波动溢出（7.58%）。但注意到，无论是短期还是长期，同一市场内的同行业之间的波动关联一般相对较大。

　　短期的沪港金融业波动关联有一些不同特点，主要差别体现为港市金融业的本市场短期波动溢出高于沪市，以及银行类的个股有较强的短期本市场波动溢出效应。从行业个股对总的短期波动关联贡献来看，港市平安的短期波动溢出最大（2.22%）。沪港两市金融业在本市场的短期波动关联指数分别为 5.84% 和 7.38%，后者更大，即港市在短期的系统性风险高于沪市，这与时域上和长期的

① 频域上的本市场内波动关联指数和跨市场波动溢出指数的计算方法与前文时域上的计算方法类似。

波动关联结果相反。其中,港市工行对港市金融业的本市场波动溢出贡献最大(1.77%)。但从短期的跨市场波动溢出来看,沪市金融业对港市金融业的短期跨市场波动溢出为3.71%,依然高于港市金融业的反向波动溢出(2.46%),该特征与时域上的波动总关联和频域上的长期波动关联结论相同。

7.2.2 波动传导网络:沪港金融业的波动传导方向和力度

波动关联指数度量了波动关联程度的高低,但不能反映波动传导的方向性。为了进一步探讨沪港金融业的波动传导方向和传导力度,我们测算了所有个股在时域和频域上的净溢出指数和所有个股在最长传导链上的成份股个数。

表7-5显示,无论是在时域上还是在频域上,沪市金融业的波动净溢出基本都为正,而港市则相反。故总体而言,沪市金融行业是跨市场波动传导者,而港市金融业为跨市场波动溢出的接受方,即前者波动的扰动信息有更大的跨市场冲击效果。从时域和频域上比较可得,1周以上的波动净溢出指数的正负变化和大小排序与时域净波动溢出指数更为一致,说明长期波动关联的方向性对总的波动关联的方向性有决定意义,即两市金融业个股在长期的波动溢出特点决定了总体上的波动传导方向性。其中,沪市人寿拥有最大的长期波动净溢出效应。

表7-5 时域—频域波动净溢出指数和波动传导链(静态全样本) 单位:%

指标	GSa	JSa	PAa	RSa	ZXa	GSb	JSb	PAb	RSb	ZXb
净溢出(DY)	-0.95	1.72	1.13	**2.42**	0.60	-1.60	-1.67	0.38	-1.42	-0.62
净溢出(BK 1)	0.30	**0.48**	0.13	0.15	0.19	-0.27	-0.25	-0.12	-0.47	-0.14
净溢出(BK 2)	-1.25	1.24	1.00	**2.27**	0.41	-1.33	-1.42	0.51	-0.95	-0.48
传导链(DY)	4	8	7	**9**	6	0	1	5	2	3
传导链(BK 1)	8	**9**	6	5	7	2	1	3	0	4
传导链(BK 2)	2	8	7	**9**	6	0	1	5	3	4

注:表中给出的传导链是最长传导链上的个股数;黑体数字为所在行最大值。

7.2.2.1 时域波动传导网络

借助个股净溢出指数(共10个)、两两净溢出指数(共45个)和传导链,可探讨沪港金融业的波动传导网络。图7-1(b)以行业个股为节点,以两两波动净溢出指数为弧，构建了沪港金融业在时域上的有向且加权的波动传导网络。节点的权用个股波动净溢出指数大小来衡量，字号越大，表示净溢出越大，并采用了背景色的深浅区分净溢出的正负，深灰色背景的个股是净溢出为正的波动传导者。弧的权用两两净溢出指数的相对大小来衡量，小于两两净溢出指数中位数的情形在本章视为波动传导的单向特征相对较弱，以浅灰色箭头线来表示。同时，作为比较，给出了沪港金融业在时域上的有向且加权的波动关联网络。图 7-1 （a）以个股为节点，以两两波动关联指数为弧，节点的权用个股波动的关联中心度来衡量，字号越大，表示该股更具系统重要性。弧的权用两两波动关联指数的相对大小来衡量，浅色双向箭头线表示两两波动关联性相对较弱。

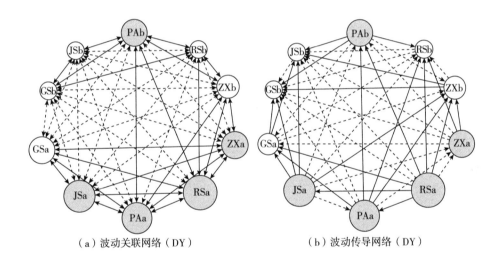

（a）波动关联网络（DY）　　　　　　　（b）波动传导网络（DY）

图 7-1　沪港金融业的波动关联网络和波动传导网络（时域全样本）

注：字号大小表示中心度（a）和净溢出指数（b）的大小；深色背景在（a）中表示中心度排序前 5，在（b）中表示净溢出指数为正；（a）深色双箭头线表示两两关联指数较大（≥45 个两两关联指数的中位数），（b）深色单箭头线表示两两正向净溢出较大（≥45 个两两净溢出指数的中位数）。

图 7-1 展示了时域上多个层面的沪港金融业波动关联和传导信息：图 7-1（a）和图 7-1（b）的字号大小代表个股的波动关联中心地位与净溢出效应。比较发现，个股的波动关联中心度排序和净溢出指数排序基本一致，即中心度较高

的个股一般拥有较大的净溢出效应。中心度最大的 5 个金融股正好是净溢出指数为正的 5 个金融股。这表明，若个股在系统内的波动关联中心地位较强，则该股对其他所有股的整体波动净溢出效应一般较大。波动净溢出指数较大且为正的 5 个金融股是波动传导者，其中 4 个来自沪市，体现了沪市金融业在整个系统下的波动传导性更强。此外，图 7-1（b）显示，净溢出效应较大的个股拥有较多的强出度①和较长的波动传导链。

根据图 7-1（b），可以发现沪港金融业波动的主要传导路径。若从沪市人寿开始，有贯穿整个系统的波动传导组：①RSa 对其他所有股都有直接的正向两两净溢出；②通过连续传导的路径对每股有间接传导：RSa →JSa →PAa →ZXa →PAb →GSa →ZXb →RSb →JSb →GSb。然而，此传导链在 JSa 之后就变弱了。若忽略较弱间接传导，则较长的较强传导链有多组：RSa →PAa →PAb →JSb（GSb 或 RSb）；RSa →PAa（JSa）→ZXb →JSb（GSb）。显然，保险业和证券业是沪港金融业之间持续较强波动传导的主要推动者。沪市人寿的波动信息直接（通过沪市平安间接）传递到港市平安（港市中信）之后，会对港市其他金融股产生系统性冲击。

7.2.2.2 频域波动传导网络

图 7-2 展示了沪港金融业在频域上的波动传导网络。从净溢出效应、本市场波动传导、跨市场波动传导以及波动传导链的长短和强弱来看，图 7-2（b）的 1 周以上的波动传导网络与图 7-1（b）的时域上总体性波动传导网络较为类似，而 1 周的波动传导有些明显差异，主要体现在沪市银行业。沪市建行和沪市工行是短期波动的主要传导者，对本市场其他行业及港市所有金融业都有正的两两净溢出效应，并且有较长和较强的传导链。其中，沪市建行的传导链最长为 9，其波动传导贯穿整个系统，对其他所有股都有直接和间接的波动传导：JSa →GSa →ZXa →PAa →RSa →ZXb →PAb →GSb →JSb →RSb。即使忽略较弱的直接和间接传导，JSa 的较强传导链也是最长的，而 GSa 仅次于 JSa，这说明沪市银行业是沪港金融业短期波动关联的主要推动者。

---

① 出度在本章指个股的两两净溢出指数为正的个数，较强出度是指大于等于所有两两净溢出指数中位数的出度。

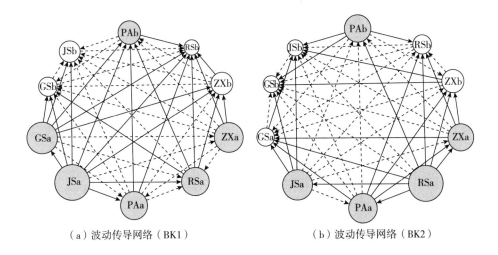

（a）波动传导网络（BK1）   （b）波动传导网络（BK2）

图 7-2   沪港金融业的波动传导网络（频域全样本）

注：字号和背景的大小表示净溢出指数的大小；深色背景表示净溢出指数为正，为波动传导者；深色单箭头线表示两两正向净溢出较大（≥45 个两两净溢出指数的中位数）。

7.3   沪港金融业波动关联及传导的动态演化

静态分析有助于剖析沪港金融业在样本期内的总体波动关联和传导特征，但金融业的波动及其关联往往具有明显的时变性，以下通过滚动窗口的方法，进一步剖析两市波动在时域和频域上的动态关联与传导。根据沪港金融业波动及其关联水平的阶段性差异，我们把样本分成四个区间，结合各区间波动的高低比较波动关联及传导的动态变化特点。

7.3.1   时域和频域波动关联的动态演化

图 7-3 呈现了沪港金融业在时域和频域上的动态波动关联。窗口期设定为 200 天，根据窗口期的设定，频域分析约束为 1 周和 1 周以上至 1（约）年的两种频域关联。同时，为了捕捉沪港金融行业波动与波动关联指数在样本期内的时

变共性，根据个股市值权重分别构建了沪市和港市金融行业的波动指数。图 7-3 显示，沪港金融业波动关联指数呈现出明显的时变特点和集聚性，较高（或较低）的关联指数会在一定时段内以较多的频次连续出现。例如，在沪港通之后的 2014 年 11 月 27 日至 2016 年 6 月 25 日，波动总关联指数和 1 周以上的波动关联指数都持续较高，而 1 周内的波动关联指数则连续较低，表明这段时间的长期波动关联对总波动关联的贡献更大。注意到，每当长期波动的关联更大（小），则沪港金融行业的总体波动关联就更大（小），长期波动关联对总体波动关联的动态决定性特点与前文的静态分析结论相一致。

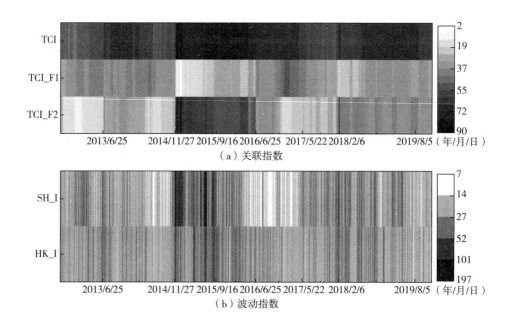

图 7-3　动态波动及其时域和频域关联指数

注：TCI 为总关联指数；TCI_F1 和 TCI_F2 分别为 1 周和 1 周以上的波动关联指数；SH_I 和 HK_I 分别为根据个股市值权重计算的沪市和港市金融行业波动指数。

King 等（1994）认为，波动关联效应是波动水平的递增函数。与此观点相符合的是，沪港金融行业波动关联的时变特征与两市金融行业波动的阶段性特点存在对应关系。图 7-3 显示，在沪港通之后的沪市暴涨暴跌阶段，以及 2018 年之后中美贸易战恶化时，沪港金融行业的波动都明显上升，此时波动总关联指数和 1 周以上的长期波动关联指数也都相应更高。根据图 7-3 呈现的沪港金融行业波动及其关联性的阶段性动态时变特点，按照较低和较高两种情形，并结合重大事件和背景，可将总样本划分为四个区间，如表 7-6 所示。

表 7-6　动态波动及其时域和频域动态关联指数（均值）

区间	时间段	波动及关联	SH_I	HK_I	TCI	TCI_F1	TCI_F2
全样本	2012 年 8 月 23 日至 2019 年 12 月 3 日	—	26.66	25.58	66.33	31.77	34.56
区间 1	2012 年 8 月 23 日至 2014 年 11 月 26 日	较低	22.63	23.98	59.04	36.57	22.47
区间 2	2014 年 11 月 27 日至 2016 年 6 月 25 日	较高	**39.51**	**32.15**	**78.49**	21.71	**56.79**
区间 3	2016 年 6 月 26 日至 2018 年 2 月 5 日	较低	21.87	23.08	63.56	**37.10**	26.47
区间 4	2018 年 2 月 6 日至 2019 年 12 月 3 日	较高	24.73	24.08	67.26	29.78	37.49

注：表中的英文代码含义同图 7-3；表中指数皆为各区间均值；黑体数字为所在列最大值。

在区间 1，沪港金融行业波动及其关联性较低，此期间对市场影响较大的重要金融事件包括欧债危机好转、美国 QE 退出预期、内地银行业去杠杆化及沪港通试运行等。区间 2 为沪港金融业及其关联性最高的阶段。2014 年底沪港通正式开启之后的半年里，沪港股市大涨，但在 2015 年 6 月之后，在场外配资清理、场内融资和分级基金去杠杆等多重因素影响下，沪市出现股灾。此外，2016 年初的熔断机制和减持新规也是本阶段的重要金融事件。区间 3 为波动及其关联性的较低阶段，与区间 1 相当。此阶段对市场有较大影响的重要事件包括英国脱欧公投、深港通开启及美国总统大选等。区间 4 为波动及其关联的较高阶段，此阶段最主要的背景是中美贸易战激化。

表 7-6 显示，当沪市金融业波动较高且高于港市金融业波动时，两市的波动总关联和长期波动关联都更大；而当两市波动较低，且港市波动高于沪市，则两市波动总关联和长期波动关联都更小，且短期波动关联高于长期波动关联。参考 King 等（1994）的市场波动传染观点，以上特点实际上表明了沪市金融业的动态波动和系统性风险有更大的跨市场传染力，并且长期持续性更强。

7.3.2 波动传导网络的动态演化

与静态分析类似，考虑到动态波动净溢出[1]描绘了个股在整个系统内的动态波动传导力度和方向，而动态两两波动净溢出可进一步说明所有两两个股之间的传导力度和方向，因此将两者相结合可解释沪港金融行业的波动传导网络动态演化。表7-7给出沪港10个金融股在各区间的时域和频域波动净溢出指数均值，并以时域波动传导为例，图7-4给出了沪港金融行业在四个区间的波动传导网络。

表 7-7　时域—频域上的波动净溢出指数（分区间）

区间		GSa	JSa	PAa	RSa	ZXa	GSb	JSb	PAb	RSb	ZXb
DY	区间 1	−0.93	−0.33	**0.90**	0.58	0.83	0.34	−0.40	0.37	−1.11	−0.24
	区间 2	−0.71	2.02	1.28	**3.41**	2.44	−3.17	−3.31	−0.03	−0.27	−1.66
	区间 3	−1.57	−0.15	**1.33**	0.59	−0.2	−0.24	−0.64	0.78	0.37	−0.27
	区间 4	−0.49	1.09	0.31	0.41	**1.48**	−1.70	−0.72	−0.63	0.29	−0.04
BK 1	区间 1	−0.34	−0.64	**0.46**	0.18	0.37	0.11	0.11	0.26	−0.31	−0.20
	区间 2	0.69	**0.81**	0.06	0.05	−0.15	−0.22	−0.34	−0.25	−0.54	−0.11
	区间 3	0.02	0.26	**0.89**	0.08	0.26	−0.49	−0.53	0.14	−0.55	−0.07
	区间 4	**0.41**	0.37	0.31	0.38	0.22	−0.42	0.10	−0.55	−0.56	−0.27
BK 2	区间 1	−0.59	0.31	0.44	0.41	**0.46**	0.23	−0.51	0.11	−0.8	−0.04
	区间 2	−1.40	1.21	1.22	**3.36**	2.59	−2.95	−2.97	0.21	0.28	−1.56
	区间 3	−1.59	−0.41	0.44	0.51	−0.45	0.25	−0.11	0.64	**0.92**	−0.20
	区间 4	−0.90	0.72	−0.001	0.03	**1.26**	−1.27	−0.83	−0.08	0.84	0.23

注：各区间的划分同表7-6；黑体数字为所在行最大的波动净溢出指数。

各区间时域上的净溢出效应反映了沪港金融业个股波动传导地位的动态演化概貌。表7-7和图7-4显示，时域上的净溢出效应在各区间存在差异。总体上，较大的正向净溢出效应主要来自沪市的保险业和证券业。在波动及其关联较大的区间2和区间4，沪市人寿和沪市中信分别为最大的波动传导者，而沪市平安在

---

[1]　静态分析中已说明，个股关联中心度和净溢出效应有一致性。在动态分析中仅围绕净溢出效应展开讨论。

两市波动较小的区间 1 和区间 3 都为最大的波动传导者。两市银行业在整体上为波动传导的接受者，但沪市建行在两市金融业波动较大的区间 2 和区间 4 有较大的波动净溢出效应。

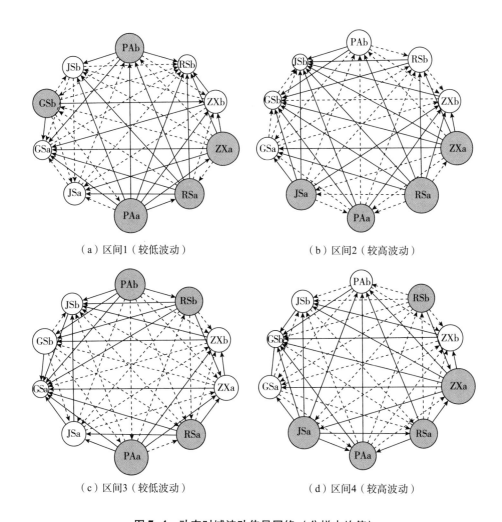

（a）区间1（较低波动）　　　　　　　（b）区间2（较高波动）

（c）区间3（较低波动）　　　　　　　（d）区间4（较高波动）

图 7-4　动态时域波动传导网络（分样本均值）

注：字号和背景的大小表示净溢出指数的大小；深色背景表示净溢出指数为正；单箭头线表示两两净溢出为正的方向；深色单箭头线表示两两正向净溢出较大（≥45 个两两净溢出指数的中位数）。

图 7-4 不仅展示了沪港金融业在各区间的时域净溢出效应，而且基于两两净溢出指数刻画了沪港金融业的本市场和跨市场波动传导的时域动态演化。从四个

区间的跨市场波动传导来看，两市之间的较强波动传导方向（黑色单箭头线）主要是从沪市保险业和证券业传递到港市金融各行业，沪市银行业在波动较大的区间2和区间4也有一定的跨市场传导，但主要是针对港市银行业。注意到，虽然港市保险业在波动较低的区间3对沪市金融业有较多的波动净溢出和较长的传导链，但其跨市场传导较弱，只有针对沪市工行的直接传导较强。从本市场的动态波动传导来看，沪港两市都基本遵循从保险业、证券业到银行业的传导路径，各区间的动态变化特征不太明显。

时域上的本市场和跨市场动态波动传导分析都表明，沪港银行业总体上是主要的波动传导接受者（浅灰色背景最小，且被指向的黑色箭头线最多）。在波动较低的区间1和区间3，沪市工行是系统内最大的波动传导接受者。而在波动较大的区间2和区间4，港市工行承袭了同样的角色。银行业对来自其他行业和自身的波动扰动信息冲击有更强的抵御能力和消化能力，即使当区间2和区间4对外有一定的波动净溢出效应时，也主要体现为短期性。这些特征主要是由于内地银行业及其在港分行比其他沪港金融业规模更大，运行状况较为稳健[1]，波动普遍较低（尤其是资产规模最大的沪市工行）。

此外，图7-4展示了两市金融业之间明确的波动传导链。例如，在两市金融业波动较高的区间2，沪市人寿的波动传导链最长为9，包含了所有其他金融个股，较强出度为6（其中跨市场的较强出度为5），这意味着其波动扰动信息能够较强地直接和间接传递到整个沪港金融业，从而加大两市金融业的系统性波动关联。而在最低波动的区间3，港市平安的传导链最长，但较强出度只有4，其中跨市场的较强出度仅为1（针对沪市工行），其波动扰动信息的系统性冲击较低。

频域动态传导补充了时域动态传所隐含的一些重要信息[2]。表7-7显示，1周以上的净溢出效应和时域上的总体波动传导动态变化有类似性，沪市的长期波动净溢出大小和方向的动态变化主导了总的（时域）波动传导动态变化。总体上，沪市的保险业和证券业的长期净溢出效应更大，这主要体现在两市金融业波

<hr/>

① 《中国金融业发展趋势报告（2019）》显示，我国内地银行业不良贷款率相对较低且较稳定。我国70%的银行资产由国有六大行和股份制银行经营管理，这些银行中的大多数都在过去10年中保持了稳健经营。

② 为节省篇幅，省去了频域上的动态波动传导网络图，仅借助表7-6和表7-7作出相关解释。

动较高的区间 2 和区间 4。在两市金融业波动最低的区间 3，港市保险业（港市人寿和港市平安）拥有最大的长期净溢出，但沪市各行业在区间 3 的长期净溢出总体上小于短期，这使该区间两市金融业波动关联总体走低（见表 7-6）。短期动态传导与时域上的动态传导有明显差异。在区间 2 和区间 4，1 周净溢出效应较大的个股是沪市工行和沪市建行，表明沪市银行业有短期的系统性影响，但显然不是导致两市金融业的系统性关联在区间 2 和区间 4 持续较高的原因。

以上各区间频域波动关联性的经济含义在于，当沪港金融业的波动关联主要产生于高频时，说明该时段两市的信息处理效率较高，行业个股的扰动信息能够快速平稳地被市场消化，从而对整个系统的冲击影响呈短期性，两市金融业的系统性风险则较低；当波动关联主要产生于低频时，则相反。

7.4 稳健性分析：以频域内波动关联性为视角

本章研究的核心结论之一是沪港金融业的波动关联总体上主要源自低频，但在不同时段有较大差异。鉴于此，我们在稳健性分析中主要将重点放在沪港金融业波动关联的原动力问题上。参照 Baruník 和 Krehlík（2018）针对美国金融业波动关联原动力的研究方法，下文以频域内波动关联为视角，考查在短期、长期波动扰动信息之外，同期相关性是否也是影响沪港金融业波动关联的重要原动力。频域内波动关联和频域波动关联是不同的概念，前者仅度量某频域内的波动扰动信息传导，不考虑该频域外的扰动信息影响，研究纯粹某频域内未加权的波动关联性。各频域内波动关联对波动总关联的贡献高低决定于扰动信息的频谱密度分布特征，当样本期内的短期（长期）扰动信息占主导时，高（低）频域内波动关联的权重更大，波动总关联水平将更接近高（低）频域内的波动关联水平。

图 7-5（a）描绘了两市金融业的时域和频域波动关联。图 7-5（b）描述了频域内波动关联，可以发现，在整个样本的四个区间内，长期频域内波动关联基本上始终高于短期频域内波动关联。同时注意到，高低频域内波动关联在市场较平静时差别不大，而且在全样本期内总体同升同降，这一点和图 7-5（a）的高

低频域波动关联的阶段性此增彼减是不同的。图 7-5（c）的各频域内波动关联权重决定了图 7-5（a）的各频域波动关联高低。例如，在沪市股灾的区间 2 和受中美贸易战激化影响的区间 4，多数的扰动信息被市场视为长期性信号，从而带来长期冲击效应的扰动信息的频谱密度偏高，长期频域内波动关联权重（对总关联的贡献）更大，使该区间的波动总关联水平趋高。

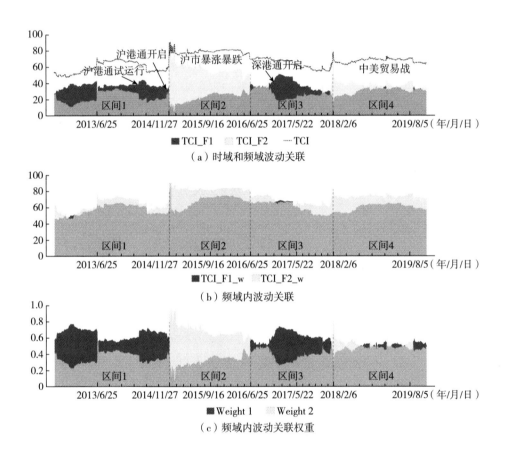

图 7-5 波动的时域和频域关联指数、频域内关联指数及其权重

注：图中的深灰色代表黑色和浅灰色的重叠部分。（a）中的 TCI 为总关联指数，TCI_F1 和 TCI_F2 分别为 1 周和 1 周以上的频域总关联指数；（b）中的 TCI_F1_w 和 TCI_F2_w 分别为 1 周和 1 周以上的频域内波动关联；（c）中的 Weight 1 和 Weight 2 分别为 1 周和 1 周以上的频域内波动关联权重。

　　在微观主体结构上，来自内地的金融业 H 股在港市金融业板块中占绝大多数，而且在市值和交易规模上都具有行业代表性，同时，无论是沪市还是港市，各金融行业间存在业务交叉混合现象。因此，本章所用的 10 只沪港金融行业个股之间难免会有同期交叉相关性。如果忽略潜在的同期交叉相关性，研究结论可能会有偏差。为了考察所得结论的稳健性，我们把 VAR 模型的残差相关矩阵设定为横截面不相关，得到不含同期相关效应的频域内关联指数。

图 7-6 显示，在剔除当期相关效应之后，低频内和高频内波动关联性有较明显的不同变化。相较而言，在图 7-6（a）中，高频内波动关联性在不包含同期相关效应的条件下有较大差异（黑色区域较大）；而在图 7-6（b）中，低频内波动关联性的差异相对更小，尤其是在沪港金融行业波动较高的区间 2 和区间 4，该特征更为明显。考虑到长期波动关联在区间 2 和区间 4 对总波动关联有更大贡献，可认为当期相关性不是两市金融业长期和总波动关联上升的主要原动力。

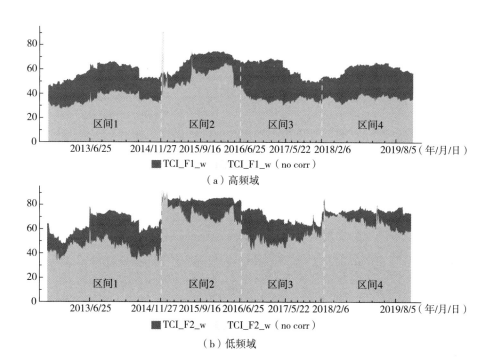

图 7-6 动态频域内波动关联指数（1 周和 1 周以上）

注：（a）和（b）中的 TCI_F1_w 和 TCI_F2_w 分别为 1 周和 1 周以上的频域内波动关联；TCI_F1_w_（no corr）和 TCI_F2_w_（no corr）分别为剔除同期交叉相关效应之后的 1 周和 1 周以上的频域内波动关联。

综上所述，我们对波动关联原动力研究得出的结论是，短期和长期波动扰动信息都是沪港金融业波动关联的重要原动力，它们在波动关联的动态演化过程中扮演着各自不同的重要角色，而沪港金融业的当期相关性主要对短期波动关联有较大程度的推动作用，并不影响本章基本结论。在市场较平静时，波动扰动信息被市场快速平稳地有效处理，并在当期相关性的促动下，沪港金融业呈现出短期的较低系统性波动关联。而在国内外重大经济金融动荡阶段，波动扰动信息的冲击有长期持续性，沪港金融业呈现出持续的较高系统性波动关联，系统性风险加大。

7.5 本章小结

在 DY 方法和 BK 方法的关联性分析框架下，本章从时域和频域两个维度，结合静态和动态分析，研究了沪港金融业的波动关联性及传导网络，主要结论可概述如下：

第一，静态时域上的分析获得了沪港金融业的波动关联和传导整体概况。沪市金融业总体上有更高的本市场波动关联性和跨市场波动溢出性。沪市保险业和证券业是沪港金融业波动的主要传导者，在两市金融业波动关联中拥有系统重要性，两者在两市波动传导网络中有较长且较强的传导链。频域上的静态分析进一步表明，沪港金融业的长期波动关联性较高，短期波动关联性较低。沪市金融业的长期和短期波动溢出都高于港市金融业。其中，沪市保险业和证券业在本市场和市场间都有较强的波动溢出效应，沪市银行业只有较强的系统性短期波动溢出效应。港市金融业的本市场短期波动关联高于沪市，体现出更高的市场信息效率，对沪市的跨市场短期和长期波动溢出都较弱。

第二，在动态分析中发现，沪港金融业的波动总关联和沪市金融业的长期波动溢出有一致的动态演化过程，两者同升同降。在沪市股灾和中美贸易争端恶化阶段，沪市保险业和证券业有较强的长期系统性波动溢出，其波动传导链较长且较强；沪市银行业在同时段只对港市银行同业有较强的短期跨市场波动传导。在两市金融业相对平静的阶段，港市保险业是最大的长期波动传导者，但其波动传导链长而不强，跨市场传导较弱。

基于以上结论，本章对我国资本市场逐步开放中的风险管理有以下几点建议：

第一，时域和频域相结合是理解系统性关联的前沿方法，在准确度量和管理系统性风险方面有较好的应用价值。通过构建时域和频域上的沪港金融业波动的总关联指数、本市场和跨市场波动关联指数以及传导链等多层次指标体系，有助于沪港市场监管部门准确度量和动态跟踪综合因素对市场波动关联的影响程度，进而更有效地管控系统性风险，维护市场持续稳定。

第二，在沪港通之后，总体而言，沪市金融业与本市场长期波动有较大关联，其波动扰动信息的系统性传递有持续性，沪市处理信息的时间较长，这表明沪港通等联通机制对沪市的信息效率提升作用尚不明显，未来仍可在交易机制改革、投资者理性培养等多方面综合规划，这是任重而道远的复杂系统工程。

第三，在国际风险溢入方面，沪港金融业对本市场波动关联高于跨市场波动溢出，而且港市对沪市的跨市场长期性波动溢出相对较少，表明沪市在沪港通之后所面临的国际风险溢入问题暂不突出，这为进一步的跨市场交易机制改革提供了可行性实证支持。但值得注意的是，在两市金融业波动较小及其关联性较低时，虽然港市对沪市的跨市场波动溢出较少，但与其本市场的波动关联较大。目前，沪港跨市场交易有额度和资产品种的约束，但在未来沪港联通机制进一步放宽过程中，尤其是当出现重大国际金融动荡时，港市对沪市的长期持续性波动溢出效应势必会增大，对由此带来的潜在系统性冲击不应忽略。

第四，就行业个股而言，我国银行业在金融业中有资产规模和市值较大、经营较稳健和波动率相对较低的特点，对市场扰动信息冲击的抵御能力强，且对其他金融业的波动传导具有短期性，因此，银行业在目前和将来都是沪港金融业之间系统性风险有效管控的关键，但这需以银行业的未来持续稳健经营为前提。

8 基于其他溢出测度方法的
沪港股市波动溢出测度

8.1 研究背景

行文至此，我们采用 DY 溢出指数方法（时域溢出方法）、BK 溢出指数方法（频域溢出方法）及基于波动区制转换的区制溢出方法，对沪港股市（或行业）波动溢出关系作了分析。这些溢出方法的视角不同，研究的侧重点存在差异，并不能完全地反映沪港股市波动溢出的全貌。事实上，任何一种溢出方法都存在一定的局限性。例如，DY 溢出指数方法是传统线性方法，不能刻画出波动溢出的非线性特征（如结构断点或区制依赖）；BK 溢出指数方法仅针对不同频域上的溢出关系；基于波动区制转换的溢出方法侧重非线性的区制差异。这些研究方法都有各自的研究侧重点和不足，鉴于此，本章将基于两种其他的溢出方法，即基于 TVP-VAR 模型的溢出指数方法和基于 QVAR 模型的溢出指数方法进行研究。前者强调波动溢出的时变特征，而后者能够捕捉沪港两市在不同波动水平上的溢出关系，与 MS-VAR 模型下的溢出方法相比，能够更全面地反映出两市之间的波动溢出关系。

8.2　基于 TVP-VAR 模型的沪港股市波动溢出测度

8.2.1　基于 TVP-VAR 模型的溢出指数方法简介

为了测度沪港股市波动溢出的时变特征，我们采用 TVP-VAR 模型与 DY 溢出指数方法相结合的溢出关系测度方法。在该研究框架下，通过基于衰减因子的卡尔曼过滤估计，允许方差随着时间推移发生变化。TVP-VAR 模型能够克服滚动分析时滚动窗口大小选择的随机性，减少参数估计的不稳定性和平坦化，避免丢失观测值中有价值的信息。需指出的是，基于 TVP-VAR 模型的 DY 溢出指数方法和基于固定参数的传统 VAR 模型的 DY 溢出指数方法一样，不能反映出变量之间的结构性传导关系（在当期的因果关系），而是捕捉变量之间的相互溢出关系或关联性特征。

特别地，参考贝尔逊信息法则（Bayesian Information Criterion，BIC）一个滞后 1 期的 TVP-VAR（1）模型可表达为：

$$\Delta x_t = \beta_t \Delta x_{t-1} + \varepsilon_t, \quad \varepsilon_t \sim N\left(0, \sum\nolimits_t\right) \tag{8.1}$$

$$vec(\beta_t) = vec(\beta_{t-1}) + v_t, \quad v_t \sim N(0, R_t) \tag{8.2}$$

其中，Δx_t、Δx_{t-1} 和 ε_t 为 $N \times 1$ 阶向量，β_t 和 $\sum\nolimits_t$ 为 $N \times N$ 阶矩阵。参数 $vec(\beta_t)$ 和 v_t 为 $N \times N$ 阶向量，而 R_t 为 $N^2 \times N^2$ 阶矩阵。

在时变参数估计滞后，我们需要采用 Wold 理论将 TVP-VAR 模型转换为 TVP-VMA 的表达式，即 $\Delta x_t = \sum\limits_{i=1}^{p} \beta_{it} \Delta x_{t-i} + \varepsilon_t = \sum\limits_{j=1}^{\infty} \beta_{jt} \varepsilon_{t-j} + \varepsilon_t$。下一步，抽取 TVP-VMA 的系数计算广义预测误差方差分解（The Generalized Forecast Error Variance Decomposition，GFEVD），进而基于此构建动态关联框架。

根据 GFEVD，$\phi_{ij,t}^{g}(J)$ 代表从变量 j 到 i 的溢出关系，为变量 j 对变量 i 的预测误差贡献成分，定义为：

$$\phi_{ij,t}^{g}(J) = \frac{\sum_{ii,\,t}^{-1} \sum_{t=1}^{J-1} (t'_i \Lambda_t \sum_t t_j)^2}{\sum_{j=1}^{N} \sum_{t=1}^{J-1} (t_i \Lambda_t \sum_t {}'_t t_i)} \qquad \tilde{\phi}_{ij,t}^{g}(J) = \frac{\phi_{ij,\,t}^{g}(J)}{\sum_{j=1}^{n} \phi_{ij,\,t}^{g}(J)} \tag{8.3}$$

其中，$\tilde{\phi}_{ij,t}^{g}(J)$ 代表变量 j 对变量 i 溢出指数，$\sum_{j=1}^{N} \tilde{\phi}_{ij,t}^{g}(J) = 1$，$\sum_{ij=1}^{N} \tilde{\phi}_{ij,t}^{g}(J) = N$，$J$ 代表预测展望期，t_i 代表选择向量，当处于 i 的位置时为 1，其他位置为 0。基于此，总的关联指数可计算为：

$$TCI_t(J) = 1 - N^{-1} \sum_{i=1}^{N} \tilde{\phi}_{ij,t}^{g}(J) \tag{8.4}$$

该式表达了一个扰动信息冲击下，所有变量相互之间总的溢出关系或总的关联性。为了测度变量 i 对其他所有变量的溢出程度，变量 i 总的对外溢出指数可定义为：

$$CI_{i \to j,t}(J) = 1 - N^{-1} \sum_{i=1,\,i \neq j}^{N} \tilde{\phi}_{ij,t}^{g}(J) \tag{8.5}$$

相应地，为测度变量 i 所接受的其他所有变量总的溢入程度，即变量 i 总的溢入指数可定义为：

$$CI_{j \to i,t}(J) = 1 - N^{-1} \sum_{j=1,\,i \neq j}^{N} \tilde{\phi}_{ij,t}^{g}(J) \tag{8.6}$$

从而，变量 i 对其他所有变量的净溢出指数可计算为：

$$NET_{i,t}(J) = CI_{i \to j,t}(J) - CI_{j \to i,t}(J) \tag{8.7}$$

$NET_{i,t}(J)$ 测度了变量 i 对其他所有变量的总净溢出程度，是总的方向性测度指标，但分析中我们可能对两两变量之间的净溢出关系感兴趣，那么变量 i 对变量 j 的净溢出指数可进一步计算为：

$$NET_{ij,t}(J) = \tilde{\phi}_{ji,t}^{g}(J) - \tilde{\phi}_{ij,t}^{g}(J) \tag{8.8}$$

当 $NET_{ij,t}(J)$ 大于 0 时，表明变量 i 是变量 j 的驱动变量。

8.2.2 沪港股市波动关联性的静态分析——基于 TVP-VAR 模型

采用 2000 年 1 月 4 日至 2023 年 8 月 22 日的沪市和港市极差波动（年化极差波动率的对数值），采用 TVP-VAR 模型的溢出指数方法，我们估算了两市波动的溢出关系。表 8-1 给出的是沪港两市全样本的静态波动溢出估算结果。可见，静态估算结果表明，两市波动总体上关联性较低，相互溢出指数分别都不到 15%，即各市 85% 以上的波动都是自身的扰动信息导致的。相对而言，沪市对港市的波动溢出略小，表现为较弱的波动溢出者，但相互溢出大小相差不大，差额仅为 1.21%，总的波动关联指数为 11.71%。

表 8-1　沪港股市静态波动溢出估算（基于 *TVP-VAR* 模型）　　单位：%

指标	Ranged_V1	Ranged_V2	From
Ranged_V1	87.68	12.32	12.32
Ranged_V2	11.11	88.89	11.11
To	11.11	12.32	23.43
Inc. Own	98.79	101.21	TCI
NET	−1.21	1.21	11.71

注：Ranged_V1 和 Ranged_V2 分别为沪市和港市的极差波动（年化极差波动的对数值）。

8.2.3　沪港股市波动关联性的动态分析——基于 **TVP-VAR** 模型

为了考察两市波动溢出的动态变化，我们进一步采用滚动窗口分析方法估算了两市波动的溢出关系。滚动窗口为 200 天，展望期为 10 期，VAR 模型滞后期根据 BIC 信息法则选用了 8 期，图 8-1 为滚动估算结果。图 8-1（a）刻画的是两市波动的关联指数［*TCI*（TVP-VAR）］，可见两者总体上关联性呈现上升趋势，但有明显的高低起落变化，在一些较为动荡时段，如金融危机、欧债危机、沪市股灾、中美贸易战及新冠疫情之后两者关联性都有较大上升。

为了比较，图 8-1（a）同时给出基于 VAR 模型所得的两地股市波动溢出关系，即 *TCI*（VAR）。显而易见的是，基于 VAR 模型和基于 TVP-VAR 模型所得总的波动溢出关系是十分相似的。其中，主要的较明显的差异出现在 2008 年全球金融危机时的估计结果，基于 TVP-VAR 模型所得总的波动溢出关系要明显高于基于 VAR 模型所得结果。总体而言，两种估算方法的动态溢出结果类似，说明这两种方法并没有本质性的差异，至少我们从沪港股市的波动溢出关系得出如此结果。然而，基于 TVP-VAR 模型所得结果是全样本的结果，而基于 VAR 模型所得结果因为滚动窗口分析方法需要损失第一个滚动窗口（200 天）的分析结果，当我们需要分析全样本分析结果时，显然基于 TVP-VAR 模型的估算方式方法更为可取。

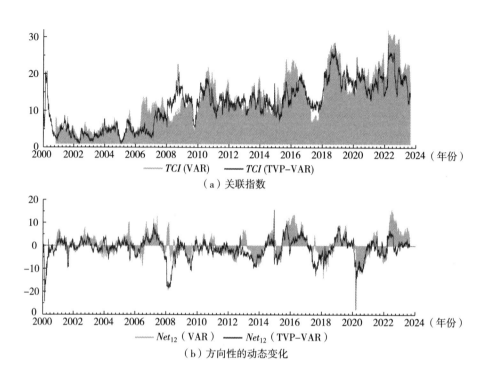

（a）关联指数

（b）方向性的动态变化

图 8-1　沪港两市极差波动的总关联指数 *TCI* 和方向性的动态变化

注：深黑色线条为基于 TVP-VAR 模型所得两地股市波动总的溢出关系和溢出方向估计结果，浅黑色柱状图为基于 VAR 模型的两地股市波动总的溢出关系和溢出方向估计结果。

图 8-1（b）刻画的是基于 TVP-VAR 模型的沪港两市波动溢出的方向性（深黑色线条）。在该图中，Net_{12}（TVP-VAR）为沪市对港市的波动净溢出，沪市对港市较大的正向溢出主要表现在 2015 年下半年（以上海等地相继加强封控管理为例）。而港市对沪市的波动净溢出 Net_{12}（TVP-VAR 为负时）最大时段为 2008 年全球金融危机时及 2020 年初，这表明港市作为国际性金融市场较大地受到国际性重大恶性事件的干扰冲击并蔓延至我国内地股市。为了比较，该图同时给出了基于传统 VAR 模型所得的沪港两市波动溢出的方向性（浅黑色柱状图），可以发现，基于 TVP-VAR 模型的沪港两市波动溢出的方向性特征和基于 VAR 模型的沪港两市波动溢出的方向性特征是非常接近的，但在发生重大的国际事

件（如 2008 年全球金融危机及 2020 年初）时，基于 TVP-VAR 模型的沪市对港市波动净溢出出现较大的负值，即此时港市对沪市有较大的正向净溢出。

8.3　基于 QVAR 模型的沪港两市波动溢出测度

8.3.1　QVAR 模型下波动溢出的均值分析

与 TVP-VAR 模型测度沪港两市波动关联性保持一致，本节依然采用 2000 年 1 月 4 日至 2023 年 8 月 22 日的沪市和港市极差波动（年化极差波动率的对数值），采用 QVAR 模型的溢出指数方法，来估算两市在不同波动分位上的溢出关系。表 8-2 给出的是沪港两市全样本在不同分位上的波动溢出估算结果。显然，两市波动总体关联性在不同分位水平上的关联和溢出大小差异较大。其中，尾部相依性较为明显，尤其是在右尾（$Q_{0.95}$）的波动溢出关系最大（40.174%），即在两市波动水平为极端性较高水平时的相互溢出较大，沪市对港市和港市对沪市的波动溢出关系在右尾较大。在极端事件发生时，两地股市波动的关联性会明显加强。在两市波动为一般的平均水平下（分位数位为 0.5 时），两地股市波动溢出关系较小，只有 11.032%。

表 8-2　沪港两市波动溢出及其方向性（基于 QVAR 模型的均值）　单位：%

指标	TCI	T_{12}	T_{21}	Net_{12}
$Q_{0.05}$	38.215	37.866	38.564	−0.699
$Q_{0.25}$	22.390	21.864	22.917	−1.053
$Q_{0.5}$	11.032	10.927	11.136	−0.209
$Q_{0.75}$	21.072	20.946	21.199	−0.253
$Q_{0.95}$	40.174	40.236	40.112	0.124

注：TCI 为总的关联指数；T_{12} 中的 1 和 2 分别代表沪市和港市，故 T_{12} 为沪市对港市的波动溢出，T_{21} 为港市对沪市的波动溢出，Net_{12} 为沪市对港市的波动净溢出；$Q_{0.05}$ 为 0.05 的分位数，其他类推。

从波动溢出的方向性来看，沪市对港市和港市对沪市方向的波动溢出都在分位水平上差距较大，都在极端情况下，即波动水平极小（$Q_{0.05}$）和极大（$Q_{0.95}$）时相互之间的溢出指数（T_{12} 和 T_{21}）都较大，而当市场波动趋向平常情形时（波动水平的分位数接近 0.5 时），两市之间的相互溢出都明显变小。换言之，两市之间的相互溢出是同步的，当沪市对港市波动溢出较大时，港市对沪市的波动溢出也总体较大；反之，则相反。因而，沪市对港市的波动净溢出（Net_{12}）在不同波动水平上（不同分位数上）的并没有独有的分位特征，差异也较小，大小变化有一定的随机性，如在 $Q_{0.95}$ 时沪市对港市的波动净溢出为较小的正值 0.124%。尽管如此，表 8-2 中的波动净溢出（Net_{12}）从 0.05 分位到 0.75 分位都为较小负值，表明总体而言沪市对港市的波动溢出小于港市对沪市的波动溢出。这与前文的格兰杰因果检验类似。

8.3.2　QVAR 模型下波动溢出的动态分析

基于前文对表 8-2 的沪港两市全样本在不同分位上的波动溢出及其方向性的估算结果，我们已经发现，沪港两市波动的关联性（总的关联指数 TCI）有明显的分位依赖（Quantile-Dependent），即尾部的关联度较大而其他较为一般波动分位上波动溢出关系较小。而波动溢出的方向性则不都有明显分位特征或分位依赖，沪港两市之间的相互波动溢出是联动，总体上港市对沪市波动溢出更大，但在不同分位上沪港两市之间波动溢出的方向性并没有明显有规律的变化。鉴于此，本节基于滚动窗口进行沪港两市波动溢出的时变分析，仅考察两市波动总溢出指数在各分位上的时变特征，而忽略两市方向性波动溢出的时变特征。图 8-2 给出沪港股市在五个分位上波动总溢出指数的滚动分析结果。

图 8-2 显示，当两市波动处于一般水平时（分位数为 0.5），即当两市波动处于均值水平时，两市波动的关联性（TCI_Q0.5）始终处于最低水平，其随着时间推移而动态变化的特征反映了两市波动溢出关系在市场一般情形下的时变特征，总体关联性最低但高低落差最大的时变特点最为明显。该特征与图 8-1（a）所刻画的两市波动 DY 总溢出指数 TCI（VAR）（基于 VAR 的 DY 估算结果）及时变总溢出指数 TCI（TVP-VAR）（基于 TVP-VAR 的估算结果）都较为类似。然而，图 8-2 同时给出了基于 QVAR 模型所得的较低和较高分位，即 $Q_{0.25}$ 和

$Q_{0.75}$ 以及两个尾部分位即 $Q_{0.05}$ 和 $Q_{0.95}$ 时的两市波动总关联性。其中，分位数为 $Q_{0.25}$ 时的关联性和分位数为 $Q_{0.75}$ 时的两市波动关联性接近，而分位数为 $Q_{0.05}$ 左尾时的和分位数为 $Q_{0.95}$ 时的两市波动关联性相当。这说明当两市的波动水平由一般情形（分位数为 $Q_{0.5}$）转为较低（$Q_{0.25}$）分位或较高分位（$Q_{0.75}$）时，波动扰动信息冲击下两市波动相互溢出关系会加大。而分位水平转变为左尾和右尾时，扰动信息冲击之下两市的波动溢出关系都会出现极高的波动关联性，此时，两市联动性最大，但其变化相对较小。

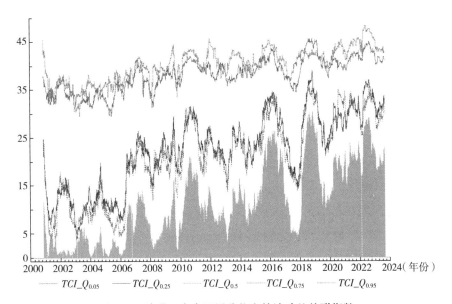

图 8-2 沪港两市在不同分位上的波动总关联指数

注：TCI 为总的关联指数，$Q_{0.05}$ 为 0.05 的分位数，故 $TCI\_Q_{0.05}$ 为 0.05 分位上的总关联指数。其他类推。

8.4 区制概率加权的溢出效应及其非对称效应的度量方法

此外，基于区制相关溢出方法（BenSaïda，2018），还可添加区制加权溢出的概念，其中区制的概率被用作权重。例如，区制加权的总关联性指数（以下简称 TCI_w）可以定义为：

$$TCI_w = \sum_{k=1}^{K} p_k TCI_k = \frac{1}{n} \sum_{k=1}^{K} \sum_{\substack{i,j=1 \\ i \neq j}}^{n} P_k \widetilde{\theta}_{k,ji} \tag{8.9}$$

我们提出区制加权溢出测度方法的原因是，如果我们只是想区分不同区制中溢出的异质性，那 TCI_k 是合适的，但 TCI_w 能够在总体上反映区制依赖的溢出。此外，当我们通过滚动方法得出 TCI_k 和 TCI_w 时，使用 TCI_w 而不是使用其特定状态分量（TCI_k）将有利于扩展分析，如样本外预测，因为它减少了估计中的参数数量，时间成本更低、收敛效率更高，尤其是在 k 大于 2 的状态切换模型下。

此外，可以计算加权方向溢出：

$$Net_{w,i} = \underset{i \to all}{T_{w,i}} - \underset{all \to i}{F_{w,i}} = \frac{1}{n} \sum_{k=1}^{K} \left(\sum_{\substack{j=1 \\ i \neq j}}^{n} P_k \widetilde{\theta}_{k,ji} - \sum_{\substack{j=1 \\ i \neq j}}^{n} P_k \widetilde{\theta}_{k,ij} \right) \tag{8.10}$$

必要时，可以使用类似的方法计算从市场 i 到市场 j 的区制加权净成对溢出：

$$Net_{w,ji} = \underset{i \neq j}{T_{w,ji}} - \underset{i \neq j}{T_{w,ij}} = \frac{1}{n} \sum_{k=1}^{K} \left(\underset{i \neq j}{P_k \widetilde{\theta}_{k,ji}} - \underset{i \neq j}{P_k \widetilde{\theta}_{k,ij}} \right) \tag{8.11}$$

8.5 本章小结

本章是前文波动溢出测度三种方法（最早的基于 VAR 模型的时域上的 DY 溢出指数方法和 BK 频域溢出指数方法、基于 MS-VAR 模型的区制依赖溢出指数方法）的进一步拓展。我们采用 2000 年 1 月 4 日至 2023 年 8 月 22 日的沪港两地股市的极差波动计算结果，基于 TVP-VAR 模型和 QVAR 模型分别进一步测度了沪港两市波动关联性。结果表明，基于 TVP-VAR 模型的测度结果更能捕捉沪港两市之间波动溢出的时变特征，也能刻画出两者在波动溢出方向上的时变特征。而基于 QVAR 模型的溢出指数方法有利于考察两市在不同波动分位上的波动关联性，但发现分位水平上的两地股市波动溢出方向性并无明显差异。

附录　MS-VAR 模型框架下的溢出指数方法，
WinRats 代码

* MS-VAR 模型框架下的溢出指数方法

* 导入数据 RV1，RV2 和 RV3

```
@ msvarsetup( REGIMES = 2, lags = 1, switch = CH )
#RV1 RV3 RV3
@ msvarinitial
compute gstart = %regstart( ), gend = %regend( )

@ msvaremgeneralsetup
do emits = 1, 50
    @ msvaremstep gstart gend
end do emits
*
*
@ msvarparmset( parmset = varparms )
nonlin( parmset = msparms )    p

compute p = %xsubmat( p, 1, nregimes-1, 1, nregimes )
*
frml msvarf = log( %MSVARProb( t ) )
maximize( parmset = varparms+msparms, $
    start = ( pstar = %MSVARInit( ) ), $
    reject = %MSVARInitTransition( ) = = 0. 0, $
```

```
        method = bhhh , iters = 10 , print )  msvarf gstart gend


   dec hash[ string] shorthash longhash
   compute shorthash( "RV1" ) = " RV1" , $
          longhash( "RV1" ) = "Shanghai Variance"
   compute shorthash( "RV2" ) = " RV2 " , $
          longhash( "RV2" ) = " Hong Kong Variance "
   dec vect[ string] shortlabels( %nvar) longlabels( %nvar)
   *
   ewise shortlabels( i) = shorthash( %l( %modeldepvars( MSVARMODEL)( i) ) )
   ewise longlabels( i) = longhash( %l( %modeldepvars( MSVARMODEL)( i) ) )


   @ MSVARSetModel( regime = 1)
   compute gfactor = sigmav( 1) * inv( %diag( %sqrt( %xdiag( sigmav( 1) ) ) ) )
   compute nsteps = 12
   errors( MODEL = MSVARMODEL , steps = nsteps , factor = gfactor , stderrs = gstderrs ,
noprint , results = gfevd1)
   compute gfevdx = %xt( gfevd1 , nsteps)
   *
   dec vect tovar( %nvar)  fromvar( %nvar)  tototal( %nvar)  net( %nvar)


   dec vect tovar( %nvar)  fromvar( %nvar)  tototal( %nvar)
   ewise fromvar( i) = %sum( %xrow( gfevdx , i) ) −gfevdx( i , i)
   ewise tovar( i) = %sum( %xcol( gfevdx , i) ) −gfevdx( i , i)
   ewise tototal( i) = tovar( i) +1 −fromvar( i)
   compute spillover = 100. 0 * %sum( tovar) /%nvar
   ewise net( i) = ( tovar( i) −fromvar( i) ) * 100


   report( action = define , title = " Table1.  Volatility Spillover Table , Two Asset Clas-
```

ses")

report(atrow = 1 , atcol = 2 , align = center , fillby = rows) shortlabels

report(atrow = 2 , atcol = 1 , fillby = cols) shortlabels

report(atrow = 2 , atcol = 2) 100. 0 * gfevdx

report(atrow = %nvar+2 , atcol = 1 , fillby = rows) "To" 100. 0 * tovar

report(atrow = %nvar+3 , atcol = 1 , fillby = rows) "To&own" 100. 0 * tototal

report(atcol = %nvar+2 , atrow = 1) "From"

report(atcol = %nvar+2 , atrow = 2 , fillby = cols) 100. 0 * fromvar

report(atrow = %nvar+2 , atcol = %nvar+2 , fillby = cols) 100. 0 * %sum(tovar)

report(atrow = % nvar+3 , atcol = % nvar+2 , align = right) % strval(spillover , "##.
#")+"%"

report(atrow = 2 , atcol = 2 , torow = % nvar+1 , tocol = % nvar+1 , action = format , pic-
ture = " *. #")

report(atrow = %nvar+2 , torow = %nvar+3 , atcol = 1 , tocol = %nvar+2 , action = for-
mat , picture = " ###. #")

report(atcol = %nvar+2 , atrow = 2 , torow = %nvar+2 , action = format , picture = " ###. #")

report(atrow = %nvar+4 , atcol = 1 , fillby = rows) "net" net

report(atrow = %nvar+4 , atcol = 1 , tocol = %nvar+1 , action = format , picture = " ###. #")

report(action = show)

@ MSVARSetModel(regime = 2)

compute gfactor = sigmav(2) * inv(%diag(%sqrt(%xdiag(sigmav(2)))))

compute nsteps = 12

errors(MODEL = MSVARMODEL , steps = nsteps , factor = gfactor , stderrs = gstderrs ,
noprint , results = gfevd2)

compute gfevdx = %xt(gfevd2 , nsteps)

　*

dec vect tovar(%nvar) fromvar(%nvar) tototal(%nvar) net(%nvar)

```
dec vect tovar(%nvar) fromvar(%nvar) tototal(%nvar)

ewise fromvar(i) = %sum(%xrow(gfevdx,i)) -gfevdx(i,i)

ewise tovar(i) = %sum(%xcol(gfevdx,i)) -gfevdx(i,i)

ewise tototal(i) = tovar(i) +1 -fromvar(i)

compute spillover = 100.0 * %sum(tovar)/%nvar

ewise net(i) = (tovar(i) -fromvar(i)) * 100


report(action = define, title = "Table 2.  Volatility Spillover Table, Two Asset Clas-
ses")

report(atrow = 1, atcol = 2, align = center, fillby = rows)  shortlabels

report(atrow = 2, atcol = 1, fillby = cols)  shortlabels

report(atrow = 2, atcol = 2)  100.0 * gfevdx

report(atrow = %nvar+2, atcol = 1, fillby = rows)  "To"  100.0 * tovar

report(atrow = %nvar+3, atcol = 1, fillby = rows)  "To&own"  100.0 * tototal

report(atcol = %nvar+2, atrow = 1)  "From"

report(atcol = %nvar+2, atrow = 2, fillby = cols)  100.0 * fromvar

report(atrow = %nvar+2, atcol = %nvar+2, fillby = cols)  100.0 * %sum(tovar)

report(atrow = %nvar+3, atcol = %nvar+2, align = right)  %strval(spillover, "##.
#") +"%"

report(atrow = 2, atcol = 2, torow = %nvar+1, tocol = %nvar+1, action = format, pic-
ture = "*.#")

report(atrow = %nvar+2, torow = %nvar+3, atcol = 1, tocol = %nvar+2, action = for-
mat, picture = "###.#")

report(atcol = %nvar+2, atrow = 2, torow = %nvar+2, action = format, picture = "###.#")

report(atrow = %nvar+4, atcol = 1, fillby = rows)  "net"  net

report(atrow = %nvar+4, atcol = 1, tocol = %nvar+1, action = format, picture = "###.#")

report(action = show)
```

9 沪港股市之间的对冲和投资组合策略

9.1 基于条件波动关联性的沪港股市对冲和投资组合

9.1.1 基于条件方差和协方差矩阵的对冲和投资组合方法简介

本节沿用 Kroner 和 Sultan（1993）的对冲率计算方法，利用沪港通前后 BEKK-AGARCH 模型所得条件方差和协方差矩阵来构建对冲。资产 i 和资产 j 之间的对冲率可按照式（9.1）计算：

$$\beta_{ij,t} = \frac{H_{ij,t}}{H_{jj,t}}, \quad i=1,2 \ j=1,2 \ i \neq j \tag{9.1}$$

其中，β_{ij} 表示以资产 i 为多头、以资产 j 为空头的对冲。H_{ij} 是两资产的条件协方差，H_{jj} 是资产 j 的条件方差。在本章中，假定沪市为资产 1、港市为资产 2，β_{12} 或 β（RS/RH）表示沪市为多头、港市为空头的对冲，相反，β_{21} 或 β（RH/RS）表示港市为多头、沪市为空头的对冲率。

根据沪港通前后 BEKK-AGARCH 模型所得的条件方差和协方差矩阵，还可计算资产 i 和资产 j 的投资组合权重，计算中采用了 Kroner 和 Ng（1998）的风险最小化计算方法：

$$1/W_{ij,t} = (H_{ii,t} - H_{ij,t}) / \{(H_{jj,t} - H_{ij,t}) + 1\} \qquad (9.2)$$

$$W_{ij} = \begin{cases} 0, & if & W_{ij,t} < 0 \\ W_{ij}, & if & 0 \leqslant W_{ij,t} \leqslant 1 \\ 1, & if & W_{ij,t} > 1 \end{cases}$$

其中，W_{ij} 表示投资组合中资产 i 的权重。投资组合中资产 j 的权重为（$1-W_{ij}$）。在本章中，W_{12} 或 W（RS/RH）表示沪市在投资组合中的权重，W_{21} 或 W（RH/RS）表示港市在投资组合中的权重。

9.1.2　数据介绍

本章采用 SSECOMP 和 HSI 每日收盘价，样本期间为 2007 年 7 月 1 日至 2016 年 10 月 31 日，数据来源于 Wind 数据库。删除不同工作日的数据之后，共获得 2195 个观察值。鉴于沪港通于 2014 年 4 月 10 日开始试运行，我们以该日为界把样本分为沪港通前后两个子集。RS 和 RH 为指数对数值一阶差分后的百分比值，分别表示沪市和港市的指数收益率。由于上海和香港同属一个时区，而且开盘时间只差半小时，因此两市股指所包含的信息在时间上基本同步，两市之间的相关性不受开盘时间差异的影响[1]。

9.1.3　条件方差和协方差矩阵的估算

表 9-1 报告了针对沪港通前后样本数据的 BEKK-AGARCH 模型所得的条件方差和协方差矩阵元素：RS 条件方差（H_{11}）、条件相关系数（H_{12} 或 ρ）、条件协方差（H_{21}）和 RH 条件方差（H_{22}）。在沪港通之前，RS 条件方差的均值（3.05）比 RH 条件方差的均值（3.59）更小，且最大值与最小值之间的变动区间也更小。沪港通之后，情形正好相反。

RS 与 RH 的条件协方差的均值和标准偏差在沪港通之前分别为 1.76 和 2.11，在沪港通之后分别下降到 1.18 和 1.12，表明沪港两市在沪港通之后的平均联动性（条件协方差）减弱，且联动性的变化更小。与前文的 NIS 分析结论相符，沪港通之后 RS 与 RH 的条件协方差和相关系数的最小值都变小，分别从

---

① Martens 和 Poon（2001）认为，股市开盘时间的不一致会影响股市之间的相关性。

0.37 和 0.3 下降为 0.11 和 0.08。条件相关性的最大值稍低于沪港通之前，均值在沪港通之后稍变小，稍低于 0.5。

表 9-1 沪港通前后条件方差和协方差矩阵统计概要

H_{ij}	沪港通之前				沪港通之后			
	均值	标准偏差	最小值	最大值	均值	标准偏差	最小值	最大值
H_{11}	3.05	2.45	0.89	13.86	4.03	4.67	0.62	30.40
H_{12}	0.55	0.06	0.30	0.79	0.49	0.08	0.08	0.73
H_{21}	1.76	2.11	0.37	21.50	1.18	1.12	0.11	8.67
H_{22}	3.59	5.46	0.53	54.43	1.54	1.07	0.63	9.87

注：表中条件方差和协方差矩阵根据沪港通前后样本的 BEKK-AGARCH 模型所得。

根据沪港通前后样本的 BEKK-AGARCH 模型所得条件相关系数，图 9-1 描绘了条件相关系数时序。显然，沪港两市相关性有强烈的时变特征。这表明，在两市之间的跨市场投资中，不适合以不变的相关性来构建对冲和投资组合策略。

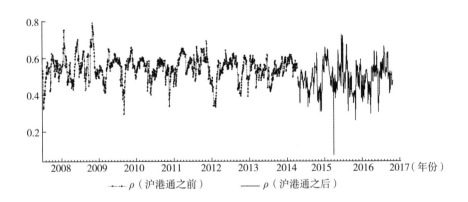

图 9-1 条件相关系数时序（ρ）

注：ρ 为相关系数。

我们注意到，沪港通之前，在次贷危机最严重时的 2008 年初、雷曼兄弟破产申请后的 2008 年末及欧债危机时的 2011 年，沪港两市的相关性出现较高峰值；在美国 GDP 增速持续下跌开始扭转时的 2009 年下半年和欧债危机有所好转的 2011 年末，沪港两市的相关性出现较低峰值。这与沪港通之前的 NIS 分析结论相吻合，是由于香港地区作为传统国际金融中心，其资本市场比内地更为开放，港市在沪市之前承载了不同时间段的国际负信息，并通过溢出效应传递到沪市，两市之间的联动性及相关系数加大。而当港市承载国际正信息时，从港市到沪市的波动溢出效应减弱，两者之间相关性由此变小。这一发现与已有的研究结论一致。例如，Sadorsky（2014）认为，危机越严重，市场之间的相关性越大。

沪港通之后，沪市大起大落，波动远高于港市，在 2015 年 6 月中旬开始大跌而港市相对表现较好时，沪港两市的条件相关性出现较高峰值。同时，我们注意到，2015 年初和年末沪港两市都表现较好时，两市的相关系数有所下降。

9.1.4 对冲、投资组合与评价[①]

图 9-2 描绘的是沪港通前后两市条件方差、对冲率和投资组合权重时序。我们注意到，图 9-2 清晰地体现了式（9.1）和式（9.2）所隐含的对冲率和投资组合权重与两市条件方差相对大小的关系：在一定协方差条件下，资产 j 的条件方差相对于资产 i 的条件方差越大，则 β_{ij} 越大，W_{ij} 越小。沪港通之前，RS 和 RH 交互式波动，每当 RH 波动大于 RS 的波动时，尤其是在次贷危机严重时的 2008 年初、雷曼兄弟破产后的 2008 年末及欧债危机较为严重的 2011 年末，β（RS/RH）要低于 β（RH/RS），而 W（RS/RH）要高于 W（RH/RS）。在沪港通之后的绝大多数时间里，RS 的波动性要大于 RH 的波动（尤其是在 2015 年 6 月至 8 月期间沪市持续大跌时），因此 β（RS/RH）持续高于 β（RH/RS），而 W（RS/RH）持续低于 W（RH/RS）。

表 9-2 为对冲率的统计概述。沪港通之前，β_{12} 和 β_{21} 的均值都超过 0.5，最大值都大于 1，表明沪港通之前两市之间的对冲没有多大作用。沪港通之后，β_{12} 的均值高达 0.72，最大值达到 1.96，表明以港市空头来对冲沪市多头的话非常昂贵；而 β_{21} 均值只有 0.38，最小值为 0.05，表明沪市空头和港市多头的对冲策略更有实际操作意义。此外，与均值比较而言，沪港通前后 β_{12} 和 β_{21} 的标准偏差都不小，表明无论采用哪种对冲策略，都有适时调整头寸的必要性。

[①] 本章假定在沪港通前后都可在两市之间进行对冲和组合投资，以比较沪港通前后的效果。

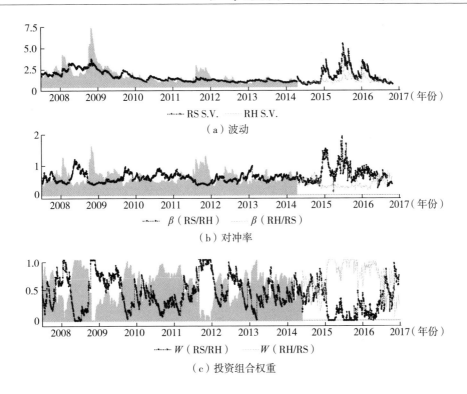

（a）波动

（b）对冲率

（c）投资组合权重

图 9-2　波动、对冲率和投资组合权重时序

表 9-2　对冲率（多头/空头）的统计概述

β_{ij}	均值	标准偏差	最小值	最大值
沪港通之前				
β_{12}	0.57	0.15	0.32	1.20
β_{21}	0.56	0.20	0.17	1.63
沪港通之后				
β_{12}	0.72	0.31	0.11	1.96
β_{21}	0.38	0.14	0.05	0.86

　　表 9-3 报告的是沪港通前后沪市在投资组合中的权重。W_{12} 的均值表明，在沪港通之前的投资组合中，沪市资产的权重平均约为 0.5，而在沪港通之后只有 0.28。此外，与均值比较而言，沪港通前后的 W_{12} 的标准偏差都比较大，表明投资者有随时不断调整最佳投资组合权重的必要性。

表 9-3 沪市在投资组合中的权重统计

W_{ij}	均值	标准偏差	最小值	最大值
沪港通之前				
W_{12}	0.48	0.25	0.00	1.00
沪港通之后				
W_{12}	0.28	0.24	0.00	0.94

为考察所构建的实际投资组合效果，本章将等权重投资组合作为备选组合，分别以 SSECOMP 和 HSI 为基准指数，通过计算得到表 9-4 所列的统计概述和评价指标值。为了评价策略的表现，引入累计收益率、波动率、胜率、夏普率、最大回撤率、信息率等参考指标。其中，波动率由样本期内收益率序列的标准差代替，胜率为收益率为正的概率，夏普率、最大回撤率和信息率的定义为：

$$S = \frac{E(R_p) - R_f}{\sigma_p} \tag{9.3}$$

$$MAXDD = \max\left\{\frac{NAV_i - NAV_j}{NAV_i}\right\} \tag{9.4}$$

$$IR = \frac{\alpha_p}{\sigma_p} \tag{9.5}$$

其中，S 为夏普率，$E(R_p)$ 和 σ_p 分别为资产的期望收益率和波动率，本章用平均收益率和收益率的标准差来代替，而市场无风险利率 R_f 取值为 0；MAXDD 为最大回撤率，NAV 为资产的每日净值；IR 为信息率，α_p 为资产 p 的超额收益率，本章用相关策略与买入并持有策略相比的期望超额收益率来代替。

表 9-4 实际投资组合、备选投资组合（等权重）及基准指数的统计概述和评价指标

指标	沪港通之前				沪港通之后			
	实际组合	备选组合	SSE	HS	实际组合	备选组合	SSE	HS
收益率均值（年）	−7.55	−4.32	−9.39	0.76	5.38	7.87	15.92	−0.19
收益率均值（日）	−0.03	−0.02	−0.04	0.003	0.02	0.03	0.06	−0.001
累计收益率（日）	−47.89	−27.4	−59.6	1.08	12.66	18.51	37.47	−0.45
标准差（日）	1.50	1.60	1.77	1.88	1.17	1.40	1.96	1.21
夏普率	−0.32	−0.17	−0.33	0.03	0.29	0.35	0.51	−0.01

续表

指标	沪港通之前				沪港通之后			
	实际组合	备选组合	SSE	HS	实际组合	备选组合	SSE	HS
最大回撤率	68.78	70.51	74.65	69.37	37.71	41.83	52	36.19
信息率（1）	0.43	0.36	/	/	-0.45	-0.61	/	/
信息率（2）	-0.25	-0.36	/	/	0.92	0.61	/	/

注：表中信息率（1）和信息率（2）的计算分别将 SSE 和 HS 作为基准指数。

从上述评价指标的定义可以将评价指标分为三类：累计收益率和胜率为策略收益性的评价指标；波动率和最大回撤为策略风险性的评价指标；夏普率和信息率为策略的评价指标。夏普率和信息率综合考虑了收益与风险，因此相对于其他指标更具有参考价值，夏普率和信息率越高的策略更适合一般投资者。

比较实际和备选组合各项指标可以发现沪港通前后的情形类似。如果仅从收益率和夏普率来看，备选组合要好于实际组合。但从波动率、最大回撤率和信息率来看，实际组合的表现要优于备选组合：实际组合收益的标准方差低于备选组合及基准指数组合的标准方差，表明实际组合的风险最低；实际组合的最大回撤率低于备选组合的最大回撤率，同时实际组合的信息率高于备选组合的信息率，表明实际组合不仅能够更好地降低最大损失，而且能够获得良好的超市场收益并更具一致性。总体而言，基于本章模型所构建的实际组合能够做到风险最小化，并在收益方面有良好的变现。

9.1.5　结论小结

本节基于二元 ARMA-BEKK-t-AGARCH 模型，采用 Kroner 和 Sultan（1993）的对冲率计算方法及 Kroner 和 Ng（1998）的风险最小化计算方法，考察了沪港两市的对冲和投资组合效果，主要结论如下：

对于跨市投资者来说，首先，沪港两市之间相关性的时变特征要求投资者适时调整对冲率和投资组合权重。其次，投资者应当兼顾两市波动溢出的短期效应和持久效应。沪港通之后两市之间的信息短期溢出效应有所加强而持久效应减弱，会导致两市相关性在较短时间内快速变大，这就要求投资者能够及时调整策略，以减少对冲成本。最后，沪港通之后，两市利多或利空信息的不同组合对波动溢出和相关性的影响更为明显，值得投资者特别关注。当其中一个市场以利多信息为主、另一个市场以利空信息为主时，两市之间的波动溢出效应、非对称效应及相关性会更大；当两市信息都为利空时，相关性会更小；而当两市信息都为利多时，两市相关性趋向于最小。对此，投资者应根据两市信息特征和变化趋势，适时调整对冲和投资组合策略。

对于致力于沪港两市持续稳定的市场监管政府部门来说，本节研究也有一定的参考价值。沪港通之后，沪港两市波动的差异和潜在的跨市投资行为值得监管者重视。沪港通以来，沪市的波动性总体大于港市。我们发现，沪港通之后，港市多头对冲沪市空头的成本大为降低，且风险最小化的两市投资组合中沪市投资的权重只有28%，说明在沪港通之后的样本期，投资者总体更倾向于港市多头和沪市空头的对冲策略，并由此容易形成羊群效应，加大监管难度和成本。

9.2 区制依赖的沪港对冲与投资组合
——基于 DCC 和区制划分

9.2.1 条件对冲和投资组合策略回顾——基于传统 DCC-GARCH 条件方差协方差矩阵

在介绍区制依赖的对冲和投资组合之前，我们先简要回顾一下 Kroner 和 Sultan（1993）提出的基于多元 GARCH 模型所得条件方差和协方差矩阵的对冲策略以及 Kroner 和 Ng（1998）建议的投资组合策略。首先，我们遵循 Kroner 和 Sultan（1993）的方法，用从多变量 GARCH 模型（如 DCC 或 BEKK-GARCH）导出的条件方差矩阵构造对冲比率。如果发现不对称效应很重要，则可以在建模中考虑不对称效应（Lin，2017）。资产 i 和资产 j 之间的套期保值比率计算为：

$$\beta_{ij,t}=H_{ij,t}/H_{jj,t}, \quad i=1,2 \ j=1,2 \ i\neq j \tag{9.6}$$

其中，β_{ij} 是资产 i 为多头头寸与资产 j 为空头头寸对冲的比率。H_{ij} 是资产 i 和资产 j 的条件协方差。H_{jj} 是资产 j 的条件方差。在本章，β_{12} 或 β（Rsh/Rhk）

是多头 *Rsh* 和空头 *Rhk* 的对冲保值比率，类似地，β_{21} 或 β（*Rhk/Rsh*）是多头 *Rhk* 和空头 *Rsh* 的对冲比率。

基于条件方差协方差矩阵还可计算最佳投资组合的资产头寸，本章采用 Kroner 和 Ng（1998）的空头约束的投资组合构建方法：

$$W_{ij,t} = \frac{(H_{jj,t} - H_{ij,t}) + 1}{H_{ii,t} - H_{ij,t}} \tag{9.7}$$

$$W_{ij} = \begin{cases} 0, & if \quad W_{ij,t} < 0 \\ W_{ij}, & if \quad 0 \le W_{ij,t} \le 1 \\ 1, & if \quad W_{ij,t} > 1 \end{cases}$$

其中，W_{ij} 是资产 *i* 和 *j* 的组合中资产 *i* 的权重。资产 *j* 在组合中的权重为 $1 - W_{ij}$。在本章中，W_{12} 或 *W*（*Rsh/Rhk*）是 *Rsh* 在投资组合中的权重，类似地，W_{21} 或 *W*（*Rhk/Rsh*）是 *Rhk* 在投资组合中的权重。

9.2.2 区制依赖的对冲和投资组合策略——基于区制划分

受 Kroner 和 Sultan（1993）的条件对冲策略及 Kroner 和 Ng（1998）的条件投资组合方法的启发，我们进一步提出区制依赖的策略，其中 *Rsh* 和 *Rhk* 的方差和协方差设置为区制相关。更具体地说，在方差式中我们将 *ARCH*（*A*）和 *GARCH*（*B*）的系数都设置为 0，并基于 MS-VAR 模型所得的区制概率设定两个虚拟变量（r_1 和 r_2）。由于我们估计 MS-VAR 模型时假定残差随着区制转换而变化，即 MS-VAR 模型的区制概率分为高波动区制概率和低波动区制概率，因此代表区制概率的两个虚拟变量（r_1 和 r_2）分别表示高波动状态和低波动状态的虚拟变量，我们命名该模型为 DCC-GARCH-MS 模型。进而，根据此模型估计所得的沪港两市的方差协方差矩阵，并参照 Kroner 和 Sultan（1993）的条件对冲策略及 Kroner 和 Ng（1998）的条件投资组合方法，计算对冲和最佳投资组合策略。

9.2.3 对冲与投资组合结果

在计算对冲比率和投资组合资产权重时应先估算条件方差和协方差，为此，我们采用两种 DCC 模型的设定，即考虑和不考虑非对称效应的两种模型。不考虑非对称效应时，模型为传统的 DCC-GARCH 模型。而考虑非对称效应时，我们在方差方程中加入非对称效应参数，采用具有不对称效应的 DCC-aGARCH 模型。关于均值等式，两种 DCC 模型都使用常规的 VAR 模型作为均值方程，因此，考虑和不考虑非对称效应的模型分别命名为 VAR-DCC-GARCH 模型和 VAR-DCC-aGARCH 模型。之后，我们进一步基于 MS-VAR 模型的区制概率估计结果，构建 VAR-DCC-MS 模型，在此模型中我们将 DCC 的短期效应参数 A 和长期效应参数 B 都设定为 0，并将高低区制概率作为方差等式的解释变量。基于这三种 GARCH 模型的方差和协方差矩阵的估计结果，可分别构建对冲和投资组合策略。

9.2.4 条件对冲和投资组合结果之一：基于 VAR-DCC-GARCH 模型

在计算对冲比率和投资组合资产权重时应先估算条件方差和协方差，为此，我们采用两种 DCC 模型的设定，在方差方程中采用具有不对称效应的 DCC-GARCH 模型。关于均值方程，我们使用常规的 VAR 模型作为均值方程。

表 9-5 为 VAR-DCC-GARCH 模型的参数估计结果。可见，沪港两市方差等式中短期效应 A 和长期效应 B 都是高度显著的。$Shape$ 也是显著的，表明模型估计时所设定的 t 分布是适合的，两市的收益都是非正态分布。

表 9-5　VAR-DCC-GARCH 模型估计结果

指标	系数	标准差	p	系数	标准差	p
	（Rsh 均值等式）			（Rhk 均值等式）		
C	0.001	0.015	0.954	−0.072	0.015	0.000
Rsh_{t-1}	−0.002	0.014	0.862	0.030	0.016	0.061
Rhk_{t-1}	0.042	0.015	0.004	0.040	0.016	0.013
	（Rsh 方差等式）			（Rhk 方差等式）		
C	0.009	0.003	0.001	0.020	0.005	0.000
A	0.055	0.008	0.000	0.066	0.009	0.000
B	0.940	0.008	0.000	0.926	0.010	0.000
DCC（A）	0.009	0.003	0.001			
DCC（B）	0.990	0.003	0.000			

续表

指标	系数	标准差	p	系数	标准差	p
Shape（t degrees）	6.790	0.455	0.000			
LL	−11856.094					
AIC	6.205					
SBC	6.230					

　　基于方差等式中不含非对称效应的 DCC-GARCH 模型，获得沪港两市的条件方差协方差矩阵，进而据此计算条件对冲和投资组合的两市资产权重，结果如表 9-6 所示。可以发现，若采用沪市多头而港市空头的策略，即以港市空头去对冲沪市多头的话，对冲率［β（Rsh/Rhk）］的均值为 0.621，略高于沪市为空头对冲港市多头的对冲率［β（Rhk/Rsh）］0.562，说明采用后者的对冲策略稍微便宜，但均值差别不大。但从对冲率的标准差来看，采用后者即港市多头而沪市空头的标准差为 0.196，要小于沪市多头而港市空头的对冲率标准差，说明投资者采用港市多头而沪市空头可用更少的头寸调整来节省交易费用。从投资组合权重来看，沪市在组合中的头寸［W（Rsh/Rhk）］为 0.542，即港市在组合中的头寸为 0.458，两者相差很小，这意味着沪港两市与简单的等权重投资策略相当。

表 9-6　条件对冲率和投资组合权重

条件	均值	标准差	最小值	最大值
（对冲率，β）				
β（Rsh/Rhk）	0.621	0.264	0.109	1.799
β（Rhk/Rsh）	0.562	0.196	0.250	1.365
（投资组合权重，W）				
W（Rsh/Rhk）	0.542	0.311	0.000	1.000

9.2.5　条件对冲和投资组合结果之二：基于 VAR-DCC-aGAR-CH 模型

　　表 9-7 为考虑非对称效应的 VAR-DCC-aGARCH 模型的参数估计结果。与

前文 VAR-DCC-GARCH 模型的参数估计结果类似，沪港两市方差等式中短期效应 A 和长期效应 B 都是高度显著的。但从非对称效应参数（D）来看，沪市的非对称效应不显著，这意味着沪市的负面扰动信息所带来的波动冲击效果并不显著高于沪市正面扰动信息所带来的波动冲击效果。相比之下，港市的非对称效应高度显著（1% 的显著水平），这意味着港市的负面扰动信息所带来的波动冲击效果显著高于港市正面扰动信息所带来的波动冲击效果，具有金融市场常见的负向非对称效应。此外，$Shape$ 也是显著的，表明模型所设定的 t 分布是适合的，两市的收益都是非正态分布。该特征与 VAR-DCC-GARCH 模型估计结果类似，即考虑或不考虑非对称效应对两市的收益分布统计特征不会产生影响。此外，从对数似然值（Log-Likelihood，LL）以及 AIC 和 SBC 信息准则来看，显然考虑了非对称效应的 VAR-DCC-aGARCH 模型估计结果要好于不考虑非对称效应的 VAR-DCC-GARCH 模型估计结果，说明在构建模型时应该考虑非对称效应。

表 9-7　VAR-DCC-aGARCH 模型估计结果

指标	系数	标准差	p	系数	标准差	p
	（Rsh 均值等式）			（Rhk 均值等式）		
C	0.035	0.016	0.029	0.022	0.018	0.207
Rsh_{t-1}	0.003	0.016	0.857	−0.070	0.014	0.000
Rhk_{t-1}	−0.003	0.014	0.813	0.030	0.017	0.075
	（Rsh 方差等式）			（Rhk 方差等式）		
C	0.010	0.004	0.009	0.022	0.006	0.000
A	0.054	0.009	0.000	0.027	0.007	0.000
B	0.937	0.010	0.000	0.927	0.011	0.000
D	0.008	0.011	0.472	0.070	0.016	0.000
DCC（A）	0.009	0.002	0.000			
DCC（B）	0.990	0.003	0.000			
$Shape$（t degrees）	6.935	0.453	0.000			
LL	−11836.636					
AIC	6.196					
SBC	6.224					

基于方差等式中不含非对称效应的 VAR-DCC-aGARCH 模型，获得沪港两

市的条件方差协方差矩阵，进而据此计算条件对冲和投资组合的两市资产权重，结果如表9-8所示。显然，基于该模型的对冲率和投资组合权重的统计特征是类似的。具体而言，从该模型的估计结果可以发现，若采用沪市多头而港市空头的策略，即港市空头对冲沪市多头的话，对冲率〔β（Rsh/Rhk）〕的均值为0.617，略高于沪市为空头对冲港市多头的对冲率〔β（Rhk/Rsh）〕0.565，说明采用后者的对冲策略稍微便宜，但均值差别不大。但从对冲率的标准差来看，采用后者即港市多头而沪市空头的标准差为0.196，要小于沪市多头而港市空头的对冲率标准差，说明投资者采用港市多头而沪市空头可用更少的头寸调整来节省交易费用。从投资组合权重来看，沪市在组合中的头寸〔W（Rsh/Rhk）〕为0.537，这意味着港市在组合中的头寸为0.463，两者相差很小，即沪港两市与简单的等权重投资策略相当。

表 9-8　条件对冲率和投资组合权重

条件	均值	标准差	最小值	最大值
（对冲率，β）				
β（Rsh/Rhk）	0.617	0.258	0.102	1.577
β（Rhk/Rsh）	0.565	0.196	0.235	1.317
（投资组合权重，W）				
W（Rsh/Rhk）	0.537	0.314	0.000	1.000

9.2.6　区制依赖的对冲和最佳投资组合估算结果

表9-9为基于高低区制概率虚拟变量的 VAR-DCC-MS 模型的参数估计结果。与前文的 VAR-DCC-GARCH 模型及 VAR-DCC-aARCH 模型的参数估计结果模型类似的是，沪港两市方差等式中的短期效应 A 和长期效应 B 都是高度显著的。从两个波动的高低区制性的虚拟变量（r_1 和 r_2）的参数估计结果来看，沪市和港市的区制虚拟变量都是高度显著的（1%的显著水平），这意味着沪市和港市在高低波动状态扰动信息所带来的波动冲击效果都是显著的。注意，本模型的区制虚拟变量只是表示波动的高低状态，并没有区分是正向波动还是负向波动。此外，Shape 也是显著的，表明模型估计时所设定的 t 分布是适合的，两市的收益

都是非正态分布。该特征与 VAR-DCC-GARCH 模型和 VAR-DCC-aGARCH 模型的估计结都类似，即采用高低波动状态虚拟变量估计 DCC 模型时，同意应该考虑两市的收益尖峰肥尾的分布统计特征。此外，从 *LL* 以及 AIC 和 SBC 信息准则来看，显然基于区制划分的 VAR-DCC-MS 模型要比不考虑非对称效应的 VAR-DCC-GARCH 模型估计结果要好，但与考虑了非对称效应的 VAR-DCC-aGARCH 模型相比，各信息准则表明两者估计效果基本相当。以 SBC 信息准则为例，VAR-DCC-GARCH 模型、VAR-DCC-aGARCH 模型和 VAR-DCC-MS 模型的 SBC 分别为 6.230、6.224 和 6.225，后两者基本相当，且都好于不考虑非对称效应的 VAR-DCC-GARCH 模型。

表 9-9　VAR-DCC-MS 模型估计结果

指标	系数	标准差	p	系数	标准差	p
	（Rsh 均值等式）			（Rhk 均值等式）		
C	0.035	0.016	0.032	0.021	0.017	0.223
Rsh_{t-1}	−0.004	0.014	0.788	−0.086	0.016	0.000
Rhk_{t-1}	−0.001	0.015	0.922	0.039	0.016	0.016
	（Rsh 方差等式）			（Rhk 方差等式）		
C	2.342	0.012	0.000	−0.677	0.015	0.000
r_1	−1.610	0.012	0.000	1.645	0.015	0.000
r_2	4.440	0.270	0.000	6.332	0.282	0.000
DCC (A)	−0.008	0.006	0.164			
DCC (B)	0.068	1.150	0.953			
$Shape$ (t degrees)	10.967	1.029	0.000			
LL	−11846.622					
AIC	6.201					
SBC	6.225					

基于 VAR-DCC-MS 模型的估计，获取沪市的条件方差协方差矩阵，进而据此计算条件对冲和投资组合的两市资产权重，结果如表 9-10 所示。显然，基于区制概率的 VAR-DCC-MS 模型所得区制依赖对冲率和投资组合权重的统计特征与前文两个条件对冲和投资组合的基本统计特征有较大差别，尤其是沪市多头和

港市空头的对冲率及沪市在投资组合中的权重。具体而言，基于区制依赖的估算结果发现，若采用沪市多头而港市空头的策略，即港市空头对冲沪市多头的话，对冲率［β（Rsh/Rhk）］的均值为 0.031，明显低于以沪市为空头对冲港市多头的对冲率［β（Rhk/Rsh）］0.303，说明采用前者（沪市多头而港市空头）的对冲策略更便宜。从对冲率的标准差来看，采用沪市多头而港市空头的标准差为0.009，要明显小于沪市空头而港市多头的对率标准差 0.120，这表明投资者若采用沪市多头而港市空头可更少地调整对冲头寸，从而节省的交易费用。该结论与条件对冲率估算结果相反。从投资组合权重来看，沪市在组合中的头寸［W（Rsh/Rhk）］为 0.070，即港市在组合中的头寸为 0.930，两者相差极大，这意味着沪港两市的区制依赖投资组合策略与简单的等权重投资策略相差极大。

表 9-10　区制对冲率和投资组合权重

条件	均值	标准差	最小值	最大值
（对冲率，β）				
β（Rsh/Rhk）	0.031	0.009	0.010	0.070
β（Rhk/Rsh）	0.303	0.120	0.119	0.966
（投资组合权重，W）				
W（Rsh/Rhk）	0.070	0.016	0.003	0.090

9.3　沪港行业的投资组合
——基于区制转换和均值-CVaR

9.3.1　引言

行文至此，我们基于沪港两市的方差和协方差矩阵，构建和比较了两市的对冲和投资组合策略，但研究仅局限于市场层面的波动，本章将在行业层面和风险关联性层面进一步研究沪港两市之间的投资组合。我国金融体系在过去的几十年里经历了快速的扩张和变革。这表现为金融机构数量和规模迅速增长，金融市场不断深化和开放。而这种快速发展也带来了潜在的系统性风险。在金融危机爆发时，系统性风险可能引发连锁反应，导致金融机构破产、市场崩溃，进而对实体经济产生广泛的负面影响。重大金融风险事件，如 2008 年的全球金融危机就是这些潜在系统性风险的典型案例。新冠疫情也被视为触发全球新一轮经济萧条与系统性金融危机的引子。此外，我国积极推动资本市场的开放和互联互通，加强与国际金融市场的联系和合作。这使我国金融体系与全球金融市场更加紧密地关联在一起，也增加了我国面临的外部系统性风险。基于此，我国政府近年来一直致力于金融去杠杆和风险防控工作，并采取了一系列措施，如加强监管、压降杠杆和防范金融风险。

关于构建投资组合，Batten 等（2019）提出了一种新的投资策略，即市场投资者可以通过做空净溢出市场指数、做多净溢入市场指数来实现创收。受此启发，本章在构建投资组合时，将参考 Batten 等（2019）的投资策略思想，即既然净溢出行业是动乱之源，那么我们可以通过剔除各自市场中净风险溢出最大的行业，以此从源头上抑制风险的外协冲击，实现同收益的条件下风险最小化。同时，考虑到双方市场相互溢出程度是不均等的，那么选择剔除内地行业的数量可能与香港地区市场的不一致。

此外，作为构建投资组合的基础模型，本章将选用均值-CVaR 模型，原因在于马科维兹的均值—方差模型是现今最为经典的资产配置组合，虽然均值—方差模型具有重要地位，但是该模型是用方差来衡量投资组合的风险，并不能直观地观察到损失发生的概率和损失的情况。因此，本章引入 CVaR 值，以 CVaR 值来替代方差作为组合的风险指标进行投资模型的优化。

我们分下述几步来构建投资组合。首先介绍用 CVaR 值替代方差来衡量风险值的大小，看以此形成的均值-CVaR 模型是否对均值—方差模型起到优化的作用。此外，观察加入香港地区行业是否会对内地行业的投资组合产生增益效果。之后，在构建自己的投资组合时，我们提供了一种新的投资策略，即根据前文风险溢出的研究，选择剔除各自市场中几个净风险溢出最大的行业；此外，考虑到双方市场相互溢出程度是不均等的，那么内地剔除的行业数量与香港地区市场的不一致。同时，为了更加有效地承接前文的溢出研究，我们分别剔除单区制的结果和多区制的结果，以此对比剔除不同区制不同行业的后投资组合优化程度是否不一样。此外，选择的样本可以是全样本或沪港通开通前后的分样本。

9.3.2 重要概念和投资组合策略介绍

9.3.2.1 系统性金融风险的概念

系统性金融风险是指当金融系统中的一个金融机构或市场遭受损失时，会引发其他机构或市场的连锁反应，导致整个金融体系的动荡和不稳定。近年来，关于系统性金融风险的研究日益受到关注，学者从不同的角度探讨了系统性风险的来源、传导机制及应对策略。本节基于一系列相关研究论文，对系统性金融风险及其影响因素进行梳理，旨在提供对该领域的综合认识和深入理解。

陈昆亭和周炎（2020）分析了西方金融经济周期理论和货币政策规则在防范和化解系统性金融风险方面的作用。他们指出，系统性风险是由经济周期、宏观经济政策变动、外部金融冲击等因素引起的金融体系激烈动荡的可能性，具有隐匿性、积累性和传染性，并能对国际金融体系和全球实体经济产生巨大的负外部性效应。梁秋霞等（2021）研究了房价异常波动与防范系统性金融风险之间的关系，提出系统性金融风险是由多种外部因素和内部因素的冲击引起的，导致金融体系参与者恐慌性出逃，进而引发经济损失或增加市场不确定性，对实体经济造成巨大损害的风险。杨子晖（2022）回顾了现有研究对系统性金融风险的定义和理解，将系统性风险定义为一系列或某个事件威胁金融系统稳定或公众信心的风险，认为系统性金融风险是指对多个市场参与者产生严重冲击并在整个金融系统中扩散的风险。杨晓光和王云（2022）认为，系统性金融风险是指给全球、区域或某一经济体造成金融危机的整体性风险，它会导致宏观经济下行和总产出下降，进而对社会经济造成重大损失。系统性风险可被分为内生型和外生型两种，内生型系统性金融风险是指金融体系内部因为金融机构之间的相互关联和相互依赖而产生的风险，这种风险源自金融机构内部的运营和管理问题，如资产质量恶化、流动性风险、杠杆比例过高等；而外生型系统性金融风险是指源于金融体系外部因素的风险，这些因素可能是宏观经济环境、政策变化、地缘政治冲突、自然灾害等，这些外部因素对金融体系产生影响，从而引发金融危机和系统性风险。此外，内外部因素相互交织而导致的风险为混合型系统性金融风险，这种风险既涉及金融机构内部的问题，也受到外部环境因素的影响。混合型系统性风险更为复杂和难以预测，因为内外因素的交互作用可能会放大风险的传导效应。叶陈云等（2023）指出，系统性金融风险，尤其是宏观金融风险的产生是由于我国金融形势与经济环境的多样性和复杂性。赵虎林（2023）研究探讨了我国金融市场中不同子市场之间的关联性和风险传染效应，发现在金融自由化和金融混业经营程度不断提高的情况下，各金融子市场之间的关联性越来越紧密和复杂，导致风险传染呈现出明显的跨市场特征。同时，不同子市场之间的风险共振会放大系统性风险发生的可能性。

9.3.2.2 系统性风险的研究视角

本节旨在梳理学术界近年选取的金融系统性风险的研究对象与研究意义。主流学术界目前对金融系统性风险的研究可以归结为三类：行业对象、市场对象与宏观对象。对行业和市场而言，将研究跨部门、跨市场之间的波动溢出与传染效应作为宏观审慎监管的重点关切对象，是学术界目前的研究重点。对金融系统性风险研究数据的选取往往以长时段、大样本及涵盖 2007 年金融危机等重大金融系统性风险事件为特点，为投资者、监管者与政策制定者参考。

第一，行业视角：金融行业和非金融行业视角。行业对象包含对各类金融行业与非金融行业的研究。传统而言，金融系统性风险作为系统性风险的一个子集，涉及金融体系中的风险传播和累积效应，其研究对象仅包括金融行业。但随着研究的深入，理论和实践都表明金融系统性风险不仅限于金融机构内部，还可能通过金融与非金融行业之间交叉关联传播，主要有两个原因：一是跨界风险传播。许多非金融行业与金融行业存在密切的关联和相互依赖关系，当非金融行业面临风险和冲击时，可能会通过供应链、融资渠道等传导到金融系统，引发金融系统性风险。二是非金融行业的内部潜在系统性风险因素，如大规模债务风险、资产价格泡沫、市场流动性风险等，都可能对金融系统产生重大影响。因此，非金融行业带来的金融系统性风险越发受相关领域学者的重视，成为备受关注的研究对象。

在金融行业，银行业、证券业和保险业是学术界公认且被广泛研究的对象。在这三类行业中，有关银行业的研究是海量而广泛的，包括对银行的定量指标研究、定性指标研究和系统性风险生成机制研究。这是由于银行业在我国金融体系中占据着主体地位，是影响整个金融系统稳定性的主体，也是金融系统宏观审慎监管的主要对象（宫晓莉等，2020）。对银行定性指标的研究包括银行业务模式或行为、银行之间的竞争程度、银行类型或所有权结构（Morelli and Vioto，2020）和银行的地理多元化。Oordt 和 Zhou（2019）通过银行的业务模式，研究其中隐含的金融系统性风险，并发现非传统的业务模式都与银行贡献的金融系统性风险呈正相关。

此外，学术界也有根据证监会行业分类，将金融系统划分为银行业、保险业、证券期货业、金融信托业、基金业和其他金融业，而所有制是划分银行业研究对象的一个标准（杨子晖和戴志颖，2023）。然而，房地产业究竟是否属于金融行业还存在争议，房地产业被部分学者，如王竹泉等（2020）、Li 等（2023）划入非金融行业。但无论如何，房地产业都被证明是我国系统性金融风险最重要的风险点之一（白鹤祥等，2020）。此外，其他金融行业研究对象还包括信托业（宫晓莉等，2020）、金融控股公司（李洋等，2021；Van Oordt and Zhou，2019）和多元金融业（杨子晖等，2019；赵林海和陈名智，2021）。

在非金融行业，非金融行业研究对象包括消费、材料、医疗、分销、工业、公用事业、农业和运输等传统经济部门（王竹泉等，2020）和信息技术、电子通信服务（Kanga et al.，2023）与能源（Caporin et al.，2023）等新兴行业。

在金融行业与非金融行业之间，行业之间的系统性风险溢出、传染效应和收益或波动的联动性风险、系统重要性金融机构是"金融行业对象"的重要话题，风险溢出的重要来源包括房地产行业（白鹤祥等，2020）、银行业（刘孟飞，2021），风险接受方主要为实体经济行业。此外，宫晓莉等（2020）通过对银行业和非银行业金融溢出效应的研究发现，非银行机构对其他金融机构的风险溢出效应强于银行业。

第二，市场视角。本节着重于描述五类金融系统性风险的市场对象。行业对象划分的本质依据在于认为风险是由不同行业主体带来的。而市场则更侧重于交换商品的类型本身带来的风险。本节研究的市场主体分别为"股票市场""债券市场""加密货币市场""大宗商品市场""跨市场的风险溢出与传染"。其中，对投资者和监管者最为关心的"股票""债券市场"系统性风险研究较为成熟，文献较多。随着各类新兴市场和子市场的发展与几次金融危机的启示，学术界发现金融系统性风险来源更为多样且复杂，并将目光投往大宗商品市场和新兴的加密货币市场。同时，随着经济全球化和各类金融衍生品的兴盛，市场之间的关联空前紧密。此外，近年来的新冠疫情被认为是新一轮经济萧条的引子，严重破坏了全球金融市场环境。金融机构关联性越强、金融市场环境越差，整个金融系统遭受的感染损失越大。因此，跨市场风险溢出与传播成为现下的研究热点之一。

大多数文献集中在对股票市场的研究。文献多使用行业公司收益率（Caporin et al.，2023）、综合指数收益率（Van Oordt and Zhou，2019；宫晓莉等，2020）、财务指标（王竹泉等，2020）和金融机构资产之间的波动关联（白鹤祥等，2020；方意和荆中博，2022）研究股票市场的系统性风险。

研究债券市场金融系统性风险集中于债券衍生品信用违约掉期（Gross and Siklos，2020）、银行借贷供给（Doerr and Schaz，2021）与应急可转债（Kund and Petras，2023）。

加密货币作为新兴热点，是监管方眼中的一个重要的风险监测点。有关加密货币市场的文献较少，关注点主要为通过对加密货币的日度交易量和市值（Jalan and Matkovskyy，2023）的测度和预测，检验是否带来较多系统性金融风险。

大宗商品市场反映了全球资产价格的波动，是全球实体经济的"晴雨表"。我国作为制造业大国，对大宗商品的消耗和进口依赖性较强，在国际大宗商品市场波动频繁的当下，大宗商品市场成为与全球连接的重要金融风险点。张宗新和陈莹（2022）通过大宗商品市场的价格波动刻画其金融系统性风险，而 Ouyang 等（2022）则使用标准普尔 GSCI 大宗商品现货指数衡量大宗商品市场带来的金融系统性风险。

另有研究关注的是跨市场的风险溢出与传染。以整体金融市场为研究对象的文献往往涉及金融整体市场与单个金融机构的风险关联及市场间的风险溢出和传染等重要子研究对象，代表性文献包括杨子晖等（2019）、方意和荆中博（2022）、杨子晖和戴志颖（2023）。

第三，宏观视角。关于宏观视角，本小节选取金融工具（融资角度）、金融监管环境和经济环境三个对象作为金融系统性风险研究的宏观对象。金融工具在金融系统性风险研究中占据重要地位。通过深入了解金融工具的风险特征和市场表现，可以更好地理解金融系统中的风险传染和扩散机制。加强金融工具的监管和风险管理对于减少金融系统性风险具有重要意义，以维护金融体系的稳定和可持续发展。然而，仍然需要进一步的研究来深化对金融工具与金融系统性风险之间关系的理解，并开发更有效的风险管理工具和策略。金融监管机构在金融系统性风险研究中起着至关重要的作用。通过制定有效的监管政策和规则，并采取适当的监管工具和措施，金融监管机构可以帮助预防和管理金融系统性风险。然而，金融监管机构面临着许多挑战，包括监管制度的不完善和监管漏洞的出现。宏观经济环境对金融系统性风险有着重要的影响。经济增长、通货膨胀、利率、汇率等因素都与金融系统的稳定性密切相关。了解宏观经济环境对金融系统性风险的影响有助于制定有效的风险管理策略和政策措施，从而维护金融体系的稳定和可持续发展。

McLemore 等（2022）指出金融工具是指银行使用的各种金融产品和工具，如贷款、债券、衍生品等，提到美国银行在国外的金融资产包括银行的贷款、投资组合或其他金融工具。而根据金融工具的性质和特征，金融工具可进一步划分为权益类和债务类工具。权益类工具包括股票和权证等，而债务类工具则包括债券和贷款等。不同类型的金融工具有不同的风险特征和市场表现。

金融工具存在各种风险，其中一些风险可能对金融系统产生系统性影响。信用风险是金融工具中最常见的风险之一，涉及借款人或发行方无法履行债务的潜在风险。市场风险是金融工具价格波动的风险，可能由市场因素、政治事件或经济变化等引起。流动性风险涉及在市场中买卖金融工具的难度，当市场流动性不足时，可能引发连锁反应和价格波动。此外，操作风险、法律风险和政策风险等也是金融工具所面临的风险。金融工具的特征和市场表现与金融系统性风险之间存在密切的关联。金融工具的跨市场交易和相互联系性使金融系统面临着潜在的连锁反应和传染效应。当某一类金融工具或市场出现问题时，可能会引发其他相关金融工具和市场的风险扩散。如 Borochin 和 Rush（2022）所提及的，当金融网络的一部分受到冲击时，可以通过连接的银行清算短期资产适当地分散冲击。然而，如果连接的银行无法通过清算短期资产来充分吸收冲击，那么它们必须清算长期资产，产生巨大的成本，并导致冲击传播到金融网络中先前未受影响的地区。因此，银行之间的组合关联性对于系统性风险的传播至关重要，金融工具的价格波动和流动性问题也可能对金融系统的稳定性产生负面影响。金融工具风险的管理需要有效的监管和监控机制。金融监管机构应加强对金融工具的监管，确保其市场流动性和交易透明度。此外，金融机构和投资者也应加强风险管理和尽职调查，以避免过度暴露于某些高风险的金融工具。

金融监管机构是负责监督和管理金融市场和金融机构活动的政府机构或国际组织。Rahman 等（2022）指出，金融监管机构的作用是确保金融机构遵守规定的资本要求、风险管理政策和其他监管要求，以降低系统性风险，它们的功能包括制定和执行金融监管政策、规则和标准，监测金融机构的健康状况，评估和控制金融风险，以及维护金融体系的稳定性和公平性。

金融监管机构通过各种监管工具和措施来管理金融系统性风险，这些监管工具和措施包括资本充足性要求、风险管理和风险评估框架、流动性管理、压力测试、监管报告和透明度要求等。监管机构还可以使用宏观审慎政策、宏观审慎工具和监管合规等措施来增强金融系统的稳定性。例如，胡思雨（2022）提及，金融监管机构可以利用金融杠杆来达到监管措施，金融杠杆是指金融机构或个人通过借入资金来进行投资和经营活动的程度。金融杠杆的增加可能会导致系统性风险的产生，因此金融监管机构需要采取相应的措施来稳定金融杠杆并防范风险。

金融系统性风险具有跨国性和跨境传播的特点，因此金融监管机构之间的国际合作至关重要。通过信息共享、政策协调和监管标准的制定，国际合作可以加强金融监管机构在预防和管理金融系统性风险方面的能力。在国际金融领域，金融稳定理事会（Financial Stability Board，FSB）起到促进国际合作的重要作用。FSB 是一个由国际金融监管机构和中央银行组成的国际合作机构，旨在推动全球金融稳定。根据 Cerutti 等（2017）的研究，FSB 通过促进信息共享、政策协调和监管改革，帮助金融监管机构更好地应对全球金融系统性风险。

经济增长是金融系统的重要基础，但过快或过慢的经济增长都可能带来金融系统性风险。Bekaert 等（2014）发现，较高的经济增长与金融系统性风险的降低相关。过快的经济增长可能导致资产价格泡沫和过度杠杆化，从而增加金融系统的脆弱性。相反，经济增长过慢可能导致信用风险和流动性风险的上升，进一步加剧金融系统的不稳定性。Gerhardt 和 Ho（2015）发现，经济衰退与金融系统性风险的增加相关。经济衰退期间，失业率上升、经济活动减缓可能导致金融机构的贷款违约风险增加，从而增加系统性风险。

通货膨胀对金融系统性风险有着重要影响。高通货膨胀可能导致货币贬值和资产价格的不稳定，从而增加金融系统的风险。此外，通货膨胀对债务人的偿付能力产生负面影响，增加信用风险的发生概率。一是通货膨胀可能导致资产价格的不稳定性，从而增加金融系统的风险。随着通货膨胀水平的上升，资产价格可能出现泡沫，如房地产市场和股票市场。当泡沫破裂时，资产价格可能大幅下跌，引发金融机构的资产质量恶化，从而增加金融系统的风险。二是通货膨胀对债务人的偿付能力产生负面影响，增加了信用风险。当通货膨胀率上升时，债务人偿还债务所需的实际收入可能下降，导致债务违约的风险增加。这对金融机构的信贷质量和资本充足性构成威胁，可能引发系统性风险。通货膨胀率的增加与银行业贷款不良率之间存在正向关系，表明通货膨胀对银行系统的信用风险产生了负面影响（Rehman et al., 2020）。因此，通货膨胀与系统性风险之间存在一定的关联，需要监管机构和金融机构密切关注通货膨胀水平的变动，并采取适当的风险管理措施，以确保金融系统的稳定性。

利率是金融系统性风险的重要因素。高利率环境下，借款成本上升，可能导致债务违约风险的增加。此外，利率变动还可能引发资产价格的波动和市场流动性的变化，进而对金融系统的稳定性产生影响。汇率的波动可能对金融系统产生重大冲击，尤其是在开放经济中。研究表明，汇率的剧烈波动可能导致金融系统性风险的增加。例如，Frankel 和 Saravelos（2012）研究发现，汇率的剧烈波动与金融系统性风险的增加相关。汇率波动可能导致资本流动的不稳定性，影响金融机构和资产价格的稳定性，从而加剧金融系统性风险。

9.3.3 系统性风险测度指标：CAPM、CoVaR、MES 等

CAPM 模型是较早出现的涉及系统性风险的重要概念。Gong 等（2019）从时间维度和空间维度分析金融机构间的因果复杂网络，测度系统风险的动态变化，其中一个改进是使用 CAPM 来过滤市场风险，同时基于格兰杰因果网络和主成分分析，构建金融机构因果网络，并利用中心性指数进一步分析网络拓扑特征。

对于系统性风险 CoVaR 值的测度，以往的学者已经做了全面又深度的解读，验证得出分位数回归的方法是目前研究系统性风险 CoVaR 值的最有效的方法。

首先，需要介绍一下风险价值（Value at Risk，VaR）。VaR 是指当某行业处于一定持有期时，在给定 95% 置信水平下，可能受到的最大损失值。风险价值 VaR_q^i 可以定义为收益率的 q 分位数，具体的定义表达式可写成式（9.8）：

$$\Pr(X^i \geq VaR_q^i) = q \tag{9.8}$$

其中，X^i 表示持有某行业在一定期限 T 内的损失值，VaR_q^i 表示置信水平处于 $1-q$ 水平下的风险价值。由此可以看出，某行业持有期限 T 和置信水平 $1-q$ 就是计算 VaR 值的两个重要参数。

VaR 值计算简单，又可以数量化风险的价值，因此被投资者广泛使用和认可，但正是由于其计算简单，暴露出的问题也比较明显，其中最为值得注意的是 VaR 值只能衡量单个行业的风险损失，然而在整个金融经济环境遭受风险的情况下，单个行业的 VaR 不一定能够反映单个行业对整个市场的风险传染情况。为了研究系统性风险共动性和传染性的特点，Adrian 和 Brunnermeier（2016）在 VaR 方法的基础上给出了 CoVaR（条件风险价值）的最新定义，用于量化某行业在已经出现风险的条件下，该行业对整个市场的风险溢出的贡献程度。具体的计算如式（9.9）所示：

$$CoVaR_q^{system \mid X^i = VaR_q^i} = VaR_q^{system} \mid VaR_q^i = \hat{\alpha}_q^i + \hat{\beta}_q^i VaR_q^i \tag{9.9}$$

其中，q 为分位数水平（q 取 5%），VaR_q^i 为行业 i 在 q 分位数水平上的风险价值。

Gong 等（2019）通过 CAPM、CoVaR、MES 三个众所周知的系统风险度量来检验单个金融公司对系统风险的贡献，采用的指标之一就是条件风险值（Co-VaR）。Zhao 和 Xu（2023）为了准确衡量我国绿色金融碳排放市场的溢出效应，提出了一种基于 b 样条分位法的条件风险值（CoVaR）测度方法。首先，构建变系数 CoVaR 模型，采用 b 样条分位数法对模型系数进行估计；其次，考虑 ΔConditional 风险价值（ΔCoVaR）与 VaR 之间的关系。Zhang 等（2023）通过条件 VaR 和 ΔCoVaR 分析了金融部门与股票市场之间的溢出效应，并采用二元 Student-t-Copula 函数计算 CoVaR 和 ΔCoVaR。从股票市场 CoVaR 的动态来看，当重大风险事件发生时，不同风险源对股票市场的 CoVaR 会迅速下降（损失上升）。薛怀秀（2020）采用 VaR 法和 CoVaR 法，对银行、证券、保险、多元金融和房地产业的系统性金融风险进行测度，发现基于 VaR 和 CoVaR 的度量指标均能准确识别"银行钱荒"等极端金融事件，体现使用该指标量化金融行业系统性风险水平具有一定的可靠性。

为了检测 CoVaR 值的稳健性，本章运用 Acharya 等（2017）提出的边际期望损失 MES 值来测度市场陷入系统性危机时，单个行业对整个市场风险的边际贡献程度。首先确定市场处于表现不佳时的分位数水平 α（α 取 5%），然后计算相应时间内 i 行业的收益率均值相反数，具体计算如式（9.10）所示：

$$MES_{\alpha}^{i} = -\frac{1}{\#days} \sum_{in-\alpha-tail} r_{t}^{i} \qquad (9.10)$$

其中，$\#days$ 表示低于 α 分位数（5%）所对应的总时间。

Gong 等（2019）通过三个众所周知的系统风险度量指标（CAPM、CoVaR 和 MES）来检验单个金融公司对系统风险的贡献，用 MES（Marginal Expected Shortfall）表示某一单个银行对金融系统 ES（Expected Shortfall）的边际贡献。SRISK（Systemic Risk Indices）是 MEG（Marginal Expected Gap）的进一步发展。Gong 等（2019）通过三个众所周知的系统风险度量来检验单个金融公司对系统风险的贡献，其中之一就是系统风险指数（SRISK）。本章提出的方法框架适用于我国金融市场上的银行、证券和保险公司。

9.3.4   系统性风险研究方法和模型

9.3.4.1   Copula 模型

佘笑荷等（2019）利用 VineCopula 模型研究各证券公司收益率序列是否有明显的尾部相依性和不对称性。具体而言，就是以中信证券、太平洋证券、国海证券等 10 家上市证券公司为研究对象，借助多种类型的 VineCopula 模型，结合极值理论，基于尾部相依视角对证券业系统性风险进行了度量。王辉和梁俊豪（2020）基于 2007~2019 年我国 14 家上市银行的股票收益率，构建偏态 t-分布动态因子 Copula 模型，利用时变荷载因子刻画单家银行与整个系统的相关性，计算联合风险概率作为系统性风险整体水平的度量，基于关联性视角提出了新的单家机构系统脆弱性和系统重要性度量指标——系统脆弱性程度和系统重要性程度。

9.3.4.2 TVP-VAR-SV 模型

郭娜等（2020）从宏观总体层面构建我国系统性金融风险指数，采用 TVP-VAR-SV 模型分析国内外货币政策对系统性金融风险的影响。结果表明，2001～2018 年我国系统性金融风险基本维持在较为稳定的状态并呈现下降趋势；国内货币政策对系统性金融风险产生重要影响，数量型货币供给量的冲击效应更加直接；国外货币政策在金融危机期间对系统性金融风险的冲击较强但冲击在不断减弱。

9.3.4.3 Network（网络方法）

Chen 等（2020）运用复杂网络理论，提出了一种衡量股票市场系统性风险的新方法。通过相关分析，可以将股票市场财务指标的时间序列转化为复杂的网络序列。网络的动态拓扑指标可以用来分析网络传输特性，计算系统风险。张飞鹏等（2022）通过研究我国证券市场股票总体及尾部收益的非线性相关性，利用局部高斯相关网络（Local Gaussian Correlation Network，LGCNET），分析了 2018～2021 年我国 A 股 50 家上市企业关联网络的演化特征，通过考察金融网络系统性风险水平在整个时间段内的变化情况，探究了新冠疫情及中美贸易摩擦期间上市公司网络的风险变化情况。Liu 等（2023）采用了尾部波动溢出网络研究我国股市系统性风险的积累、爆发和跨部门溢出过程。

9.3.4.4 综合法

综合法指的是采用财务方面的历史数据和信息分析系统性风险发生前后各经济变量波动的特征及其对实体经济的影响程度，选择显著影响系统性风险的指标，并利用统计的方法加总这些指标来刻画金融体系总体的风险状况。这类方法不考虑实务关系，只对数据做时间序列方法分析度量传染性，且对技术要求较高，要选用能揭示金融机构信息和股票价格的数据。综合法可以分为风险因子法和 GARCH-MIDAS 混频模型法。

风险因子法指的是计算金融子行业的风险因子，并利用特定方法计算这些指标来刻画金融体系总体的风险状况。相较于发达国家中常用的系统性风险测量模型，不仅理论复杂而且对数据要求较高，不太适合用来研究当前我国系统性金融风险。而系统性风险综合指数恰好解决了这一问题，该指数简洁清晰，用来度量我国金融性风险更加准确。谭中明和夏琦（2020）创新地利用因子分析法析出经济增长动力风险、证券市场泡沫风险、外部经济风险、房地产价格泡沫风险和经济脆弱性风险五类风险因子，再利用 VAR 模型综合五类风险因子构建度量指标。杨小玄和王一飞（2019）综合考虑银行业、债券市场、股票市场、外汇市场、宏观经济数据和银行业监管数据六大类指标，运用混频数据动态因子模型，构建反映经济、金融周期和系统性金融风险的指标体系，对我国的系统性金融风险水平进行测算。总的来说，这些指标将金融体系下的分支行业都考虑得较为周全，都能在一定程度上反映不同行业系统性金融风险的变化趋势及程度。但是需要注意的是，由于不同行业在系统性风险传导机制链的位置不同，选择度量指标时，也要有所区分。

GARCH-MIDAS 混频模型法去除了宏观经济因素引发的问题，只考虑行业内部所具有的特殊的风险暴露，避免了相关的问题。Afees 等（2022）提到利用七个新兴经济体和发达经济体的样本，使用广义自回归条件异方差—混合数据采样（GARCH-MIDAS）方法构建金融系统性风险度量指标。当涉及样本外预测未来收益时，捕捉资产价格偏离历史模式的金融动荡指标与吸收率所反映的系统性风险措施相比，做得更好。通过对文献的阅读发现，GARCH 模型并不能单独使用，而是和其他模型方法结合共同构建系统性风险度量指标。

综上所述，测度（单个）系统重要性金融机构所承担的系统性风险仍是目前的主流方法，但这类方法度量的是危机爆发后扩散阶段的风险，并不能揭示系统性风险在机制上的来源，故而对于采取有效的宏观审慎政策进行逆周期调节的作用有限。总之，系统性风险是金融体系或多数系统重要性金融机构所面临的共同风险因素，这些风险因素及其潜在影响是系统性风险分析和度量的核心。

9.3.4.5 矩阵法

矩阵法主要指根据一家金融机构的倒闭带来其他金融机构倒闭的数量来估计金融系统性风险的传染程度。贾楠（2018）通过模糊矩阵分析和一致性检验的综合度量结果，综合评价了互联网金融的系统性风险，得出目前我国互联网金融整体上已经具有高风险性特征。

9.3.5 金融系统性风险的驱动因素

金融系统的稳定对于经济的平稳发展有重要作用，因而探究影响系统风险的原因十分必要。影响金融系统性风险的因素颇多，学术界主要划分为内部驱动因素和外部驱动因素。本小节收集的文献涵盖内外驱动因素的内容，涵盖多个角度，从宏观及微观个体探究各因素对金融系统性风险的影响。

金融系统性风险的内部驱动因素包括金融机构的财务指标、业务结构、公司治理及金融机构的地域扩张等多个方面。其中，财务指标的具体选择基于不同的金融行业有所不同，不同行业具有代表性的指标选择有所不同：银行财务结构固定、明确，因此研究所选的指标较为广泛；保险公司的盈利模式决定了杠杆率为较为重要的因素；股票市场中的流动性是重要的风险衡量因素。

对于商业银行，张晓玫和毛亚琪（2014）在研究前归纳已有文献发现，财务指标如非利息收入、股权市账比（M2B）、杠杆率（LEV）、不良贷款率（NPL）、贷款与总资产之比（L2A）等与金融系统性风险的存在显著正相关关系，但非利息收入中的不同成分对金融系统性风险的影响存在差异，其中手续费和佣金收入业务与金融系统性风险的关系为负相关。Brunnermeier 等（2019）在研究资产价格泡沫与系统性风险时发现，银行本身的因素也同样重要，其中中等规模、实体资产较多两点特征可以显著降低其系统性风险，高杠杆比率、大型规模和资产日期错配的银行将面临较大的系统性风险。邹奕格和粟芳（2022）重点研究保险公司发现，财务指标中的资产规模和杠杆率是系统性风险的决定性因素，且影响的具体方式不同，后者重点影响保险公司风险敞口的大小。Silva 和 Machado（2020）将研究对象聚焦为巴西股票市场时发现，流动性是公司系统性风险衡量的重要指标，这一点通过不同公司的最高值都集中在经济危机时期的实证内容得到支持。

从业务结构来看，现有研究业务结构的文章主要从银行出发，具体选择指标有表外业务、资本结构选择与融资结构，值得一提的还有信托基金投向，以较为具体的研究对象代替了影子银行这一宽泛的概念。

表外业务代表着研究对象除财务报表中明确提及的业务之外开展的业务，总体而言，其规模的扩张将提升系统性风险，但其中的中介服务类业务可以降低其系统性风险，担保承诺和代理投资类可以产生负向冲击。Anginer 和 Yildizhan（2010）在研究公司信用价差时发现，系统性风险敏感的公司将采取较为保守的资本结构，主动降低产生违约的可能，因此认为较保守的资本结构与系统性风险敏感存在相关性。宋鹭等（2022）聚焦信托行业系统性风险的生成路径发现，其风险的变化趋势受到不同行业之间的关联性影响，其变化水平主要受到行业具体的波动性影响，且该行业系统性风险呈现明显的顺周期性，经济上行周期，信托行业通过扩张信贷规模增强行业间相关性，从而促进系统性风险累积。

从公司治理角度来看，国内将公司治理作为影响因素进行研究的文章较少，国外文献主要从管理层的大小、机构投资者和 CEO 所拥有的权力两个方面进行研究。Altunba 等（2020）认为，管理层的大小和独立性对于风险敞口的确定没有影响，但机构投资者的影响会促进具有较大权力的 CEO 选择承受较大的风险敞口。Addo 等（2021）研究相同主题发现，对于国内系统性影响较大的银行而言，管理层的大小和机构投资者会共同影响该银行的系统性风险，更具体地，董事会中女性董事的占比较高，对于系统性风险也存在贡献影响。

从地域扩张来看，对于该主题的研究尚未达成一致结论，有针对性的研究均基于实证数据展开。王京滨和李博（2021）基于我国商业银行数据研究认为，地域集中可以降低系统性风险，而商业银行跨区域经营程度越高，信贷扩张的速度越快，越会导致其不良贷款余额和不良贷款率上升风险的加剧，进而使行业系统性风险不断上升。Goetz 等（2016）持相反观点，通过研究美国银行拥有的公司发现，地域扩张可以降低系统性风险且对于贷款质量没有影响，具体而言，地域扩张通过减少特殊地区影响的风险影响来降低系统性风险。

关于金融系统性风险的外部驱动因素，近年来的学术研究较多地从突发性重大事件（如新冠疫情、俄乌冲突）、货币政策、气候变化、人工智能和金融科技等多个方面展开研讨。

以货币政策为例，货币政策作为各国政府用来调节宏观经济和稳定社会物价的主要工具，同时作为金融监管部门在监管过程中重要的参照依据，对系统性金融风险造成了重大影响。我国货币政策影响金融系统性风险的传导机制主要有以下四种途径：

途径之一：风险定价模型效应。风险定价模型效应强调利率是众多金融资产价格的衡量指标，它的变化与各项金融资产价格的变化紧紧相关。郭娜等（2020）研究认为，宽松的货币政策会导致经济中流通的货币量增多，从而导致利率降低，较低的利率会导致债券等资产价格的上升，实现资产升值，优化银行的资产负债表和利润表，从而使银行风险容忍度提高，进行风险较高的业务，进而造成较高的金融系统性风险。路妍和李爽（2020）也对这一模型效应提出了相似的解释。

途径之二：追逐效益路径。Zhang 等（2020）研究指出，追逐效益路径是指宽松的货币政策导致市场利率下降，从而使无风险资产的收益率较风险资产下降得更多，因此在追逐收益目标的驱动下，银行更有动力投资于风险资产以获得高回报。这一行为加大了银行风险资产，因此汇聚了金融系统性风险。

途径之三：习惯形成路径。习惯形成路径是指投资者在做出决策时在一定程度上还会受已经形成的消费习惯影响，从而影响资产的需求，继而影响资产的均衡价格。因此，在经济扩张时期，由于利率水平的下降，需求能力相对非扩张时期的水平有所增加，加之投资者尤其是个人投资者较少规避风险，因而宽松的货币政策可能会增加系统性风险（Drozdowska and Rogowicz，2022）。

途径之四：央行的沟通政策。央行沟通是指央行通过各种渠道与市场主体进行交流，传递关于货币政策和金融政策等相关消息。Drozdowska 和 Rogowicz（2022）认为，在低利率水平下，货币政策的高预测性可能助长了金融机构的风险承担水平，同时中央银行隐性保险人的角色，会使金融机构相信，即使发生危机中央银行也会为其做最后的保险人，因此其风险容忍提高，趋于从事利润更高的高风险活动。

在我国经济处于转轨时期，货币政策的频繁变动对系统性金融风险的影响持续增大。郭娜等（2020）研究证实，央行通过如扩大货币发行规模和降低利率等手段为标志的扩张性货币政策会引发金融资产价格出现非理性繁荣和长短期利差的扩大，这种短期内流动性的释放造成了金融风险的急剧增长，对我国金融市场的稳定造成严重影响。不同货币政策工具对于系统性金融风险的影响具有异质性，央行采取宽松的货币政策会增加系统性金融风险。与此同时，Zhang 等

（2020）研究发现，货币政策的调整对于系统性金融风险的冲击影响存在响应速度差异，即系统性金融风险受到"价格型"货币政策的正向冲击时衰减速度更快，而受到"数量型"货币政策的单位正向冲击时衰减速度较慢，在"价格型"货币政策的调控下，金融体系的系统性金融风险随利率的下调而上升，这也在一定程度上表明了金融市场对于利率调整更为敏感。

而从气候因素来看，气候风险的分类和定义在该领域的研究中基本达成一致，气候风险影响分为地理影响和转型影响两大类（马正宇和秦放鸣，2023）。地理影响指因与气候变化相关的极端天气事件的严重程度和发生频率不断增加，以及气候的长期渐进变化（如降水量变化、全球气候变暖、极端天气变化、海洋酸化、海平面和平均气温上升等），而产生的经济成本和金融损失。转型影响指低碳经济转型进程中，减排可能对所有经济部门产生重大影响，并进一步影响金融资产价值。

就气候风险的地理因素而言，针对地理影响对金融系统性风险的影响，从宏观层面来看，气候变化对于整个金融系统性风险具有显著影响。高睿等（2022）通过机制检验指出，气候变化通过降低居民部门就业水平、造成企业部门减产、造成金融部门不良贷款积累而引致宏观金融风险。进一步地，全球气候变暖等气候变化对高收入和低收入国家的宏观金融稳定性均有负面影响，而气候变化对高收入国家和低收入国家宏观金融风险的影响存在异质性，将在更大程度引起低收入国家宏观金融风险积累。从微观主体层面来看，从"行业对象"的角度看，李珂娜和郭娜（2023）、Curcio等（2023）都指出，极端天气变化带来的灾害损失会直接作用于金融业信贷环境，导致商业银行不良贷款率显著上升，降低了银行业金融机构的风险识别能力，使风险偏好收缩、信贷投放收紧、资产配置错位，并具有一定的滞后性，市场在极端天气发生后才得以感知其影响。马正宇和秦放鸣（2023）指出，对于保险业，气候变化导致索赔不断增长，保险业遭受了最为直接和严重的地理影响。对于个体公司，姬强等（2022）在对于我国上市公司股票收益的冲击影响中提出，气候风险感知对股市瞬时冲击的覆盖范围并不大，但与银行业类似，具有明显的滞后效应，且随时间越长，影响范围越广。从中长期来看，气候风险冲击对我国金融市场的负面影响在逐渐增加，会从局部影响向全局影响扩散，容易引发行业性系统风险。而各行业对气候风险的感知与冲击也不尽相同。例如，气候风险感知影响最大的行业为制造业，显著公司数在同期、滞后期为各行业中最多。这可能是因为制造业与能源、天然材料等息息相关，对气候变化的感知更为敏感。马正宇和秦放鸣（2023）提出，地理影响使企业遭受资本损失，盈利能力降低，流动性恶化，进而违约率上升，对金融稳定产生负面影响。从"市场对象"角度来看，气候灾害对于投资组合的收益损失较为显著，也可能会增加主权债务违约率（马正宇和秦放鸣，2023）。Andrea 等（2021）聚焦于商品期货，通过网络分析的方法提出，资本市场和商品市场相互关联，短期内容易受到基础金融工具价格变动的溢出效应。综上所述，从宏观与微观上，都反映出气候风险对金融性系统风险具有显著的负面影响。而应对气候风险带来的冲击不是一个其中任意一个相关主体能够解决的，这有赖于金融系统中每一主体的协作，使整体与局部密切相连。由于气候风险近几年才得到广泛关注，学术界对气候风险对于金融系统性风险相关的研究较为零散，相关实证研究文章较少，且主要集中在银行业系统性风险上，涉及投资组合、商品期货等影响的相关文章仍有补充的必要。

就气候风险的转型影响而言，宏观上，气候政策转型路径可以通过违约概率、主权债券价值和气候息差的变化，显著影响一个国家的财政和金融风险状况。Battiston 等（2017）认为，向低碳经济的转型可能带来正向的净聚集效应。Battiston 等（2019）进一步指出，已经开始将其经济与低碳转型相结合的国家气候扩散将减少，从而获得更好的再融资条件。微观上，Jung（2023）聚焦于对银行系统性风险的影响，认为银行对于绿色指数将有更好的表现，减缓气候风险对其的影响。银行持有更多"棕色能源"（包括石油、煤等）的股权投资比持有"绿色能源"的股权投资更容易发生损失，风险更大。当化石燃料能源价格暴跌至零时，"棕色能源"借款人的贷款相对于其他贷款的风险增加，银行的股票回报对转型风险更加敏感，从而影响银行的气候风险披露。

就金融科技对金融系统性风险的影响而言，学术界尚未达成一致共识。董晓林等（2023）认为，金融科技能够降低银行自身个体风险，也有效抑制了系统性风险。Cheng 和 Qu（2020）通过实证研究也表明金融科技的发展会降低银行信用风险。而郭品等（2023）通过 GRJ-GARCH-Coupla-CoVaR 对于 2011~2020 年我国 36 家上市商业银行的季度面板数据的研究却指出，金融科技会增加银行个体的风险水平，从"源头"上提升银行系统性风险的生成概率，也会强化银行之间的业务关联，从"渠道"上放大银行系统性风险的溢出效应。Zhao 等（2022）也提出金融科技的发展会增加银行的信用风险。安起光等（2023）采用 DCC-GJR-GARCH 模型也指出，在我国金融科技发展初期，金融科技的发展会在一定程度上增大金融机构系统性风险。两派学者的观点相悖。但金融科技对于金融系统性风险是正向还是负向的影响并不是非黑即白的，存在一个"临界点"。Zhao 等（2022）提出，当银行规模较小时，金融科技可能更容易引起个体风险，从而导致系统性风险。当银行规模较大时，金融科技或将对银行的表现起到推动的作用，从而降低金融系统性风险。另外，加大系统性风险可能受其他因素影响，而非金融科技本身，如新冠疫情所致的经济社会环境会使金融科技发展的两方面均衡被打破，从而会增大金融机构系统性风险（安起光等，2023）。

综上所述，金融科技目前仍处于新兴领域，金融科技对于金融系统性风险的影响仍在探索中。同时，随着金融科技的不断发展，加强对金融科技的监管，对于防范金融风险起到重要作用。

9.3.6 投资组合的构建模型：马科维兹均值—方差模型和均值—CVaR 模型

传统的马科维兹均值—方差模型建立在期望效用模型基础上，用资产收益率的均值和方差来分别反映该资产的收益和风险的状况，对现代投资理论的发展做了巨大的贡献。对于每个投资者来说，在给定方差的条件下追求期望收益率最大化，或者在给定期望收益率的条件下追求方差最小化，若假设投资组合有 N 个资产，用 r_i 表示不同资产在一段时间内的收益率，用 R_x 表示该投资组合的收益率，则该组合的收益方差表示为：

$$\partial^2(R_X) = E\left[R_X - E(R_X)^2\right] = \sum_{k=1}^{n}\sum_{j=1}^{n} x_k x_j \partial_{kj} \tag{9.11}$$

其中，$R_x = x_1 r_1 + x_2 r_2 + \cdots + x_n r_n$，$\partial_{kj}$ 表示表示不同资产之间的协方差。因此，

均值—方差模型的最优求解可以转化为该投资组合的设定问题：

最小化：$\sum\limits_{k=1}^{n} \sum\limits_{j=1}^{n} x_k x_j \partial_{kj}$

s. t. $\sum\limits_{j=1}^{n} u_j x_j \geqslant d$, $\sum\limits_{j=1}^{n} x_j = 1$, $x_j \geqslant 0$, $\forall j = 1$, …, n (9.12)

其中，u_j 表示 j 资产的预期收益率，$j \in 1$, …, n，d 是资产投资组合的预期收益率。

均值—CVaR 模型是近年来运用较多的一种新的投资组合构建策略。对于投资者来说，相较于资产价格的上行，资产价格下行会使组合遭受风险，这才是真正的风险，正是考虑到这一点，越来越多的投资者和金融机构将更多的关注点放在了风险度量指标上，将风险度量指标 CVaR 引入均值—方差模型，以 CVaR 替代模型中的风险方差，由此形成了均值—CVaR 模型：

最小化：$CVaR_\alpha(x^T R)$

s. t. $E(x^T R) \geqslant r_o$, $x^T I = 1$, $0 \leqslant x \leqslant 1$ (9.13)

其中，x 表示资产投资组合中各个资产权重的向量，$R = (r_1, r_2, \cdots, r_n)^T$ 表示资产组合的收益率向量，r_0 表示期望收益率，$I = (1, 1, \cdots, 1)^T$。此时，$CVaR$ 为凸函数，可以定义为：

$f(x, R) = -x^T R$ (9.14)

也可以写为：

$\hat{F}_\alpha(x, \theta) = \theta + \dfrac{1}{1-\alpha} \displaystyle\int\limits_{R \in R^n} [-x^T R - \theta]^+ p(r) dr$ (9.15)

如果总样本是离散型函数，一共有 Q 种收益情况，且样本 R_1, R_2, …, R_Q 来自总样本区间，此时的离散型均值—方差模型可以写成：

$\hat{F}_\alpha(x, \theta) = \theta + \dfrac{1}{Q(1-\alpha)} \sum\limits_{k=1}^{Q} [-x_k R_k - \theta]^+$ (9.16)

在式（9.9），若令 $d_k = [-x_k R_k - \theta]^+$，那么可以改写为 d_k 的一个线性函数 $\hat{F}_\alpha(x, \theta) = \theta + \dfrac{1}{Q(1-\alpha)} \sum\limits_{k=1}^{Q} d_k$ 以及约束条件 $d_k \geqslant -x_k r_k - \theta$，$d_k \geqslant 0$ 的表达式。

综上推理所得，此时的均值—CVaR 模型可以简写成：

最小化：$\hat{F}_\alpha(x, \theta)$

$$\hat{E}(R_p) = x^T \overline{R} \geq r_0, \quad d_k \geq -x_k r_k - \theta, \quad d_k \geq 0, \quad \sum_{i=1}^{n} x_i, \quad 0 \leq x_i \leq 1 \tag{9.17}$$

其中，$x^T R$ 表示该投资组合的预期收益率。此时的均值—CVaR 模型和均值—方差模型的思路相同，将收益率水平固定在 r^0 水平上，以此求得资产投资组合风险的最小值，并计算此时该资产组合中各个资产的权重大小，可以看作带不等式约束的线性设定的最优解问题。

在计算投资组合时，均值—CVaR 模型涉及以下几个参数的设定：

第一，置信水平 α。置信水平 α 表示在实际损失不超过预期损失的概率，这将会决定投资组合 CVaR 值实际计算结果的大小。置信水平 α 受到投资者承受风险的能力和样本数据数量大小两个因素影响。

置信水平 α 越大，该模型能够规避风险的能力越强，同时对样本数据数量大小的要求就越高。当样本数据数量较小或者观察周期较短时，如果选择的置信水平过高将会直接影响 CVaR 值数值大小的准确性。

置信水平 α 也体现了投资者承受风险的能力。如果投资者属于风险的规避者，那么他对 CVaR 值的准确性要求就越高，置信水平就会选择越高的；相反，如果投资者属于风险的偏好者，那么他对 CVaR 值的准确性要求就越低，置信水平就会选择越低的。

第二，目标组合预期收益率。目标组合的预期收益水平表示投资者进行某次投资活动所得到的期望回报，是目标组合中的预期回报对风险的补偿，因此如果预期回报率设定越高，该组合就有越大的风险，CVaR 值就越大。同时，设定预期收益率时还需要考虑市场环境，将浮动区间定在市场平均水平左右，这才会具有可实现性，但是投资者都不希望出现预期亏损，因此预期收益率一般应大于 0 才符合常识。

第三，资产数量 n。构建投资组合的核心思想是为了分散投资组合的风险，因此该投资组合资产个数 n 就会影响模型的效果。当选择的资产数量 n 过小时，则可能无法实现理想的分散风险效果；当资产数量 n 过大时，则可能对投资者的精力和能力有较高的要求。因此，本章选择 21 个资产作为投资组合的标的资产具有合理性和可行性。

第四，收益率情形假设。本章将选用正态分布模拟法来生成收益情形，原因在于考虑到均值—方差模型的一个前提假设是各资产收益率服从正态分布，为了能更加清晰地观察引入 CVaR 值能否对均值—方差模型起优化作用。本章在模拟法上选择正态分布模拟法的方法，是为了保持和均值—方差模型的其他地方一致。

9.3.7　投资组合构建结果

本章在 CVaR 测度的基础上，主要采用均值—方差模型和均值—CVaR 模型构建投资组合并比较不同投资组合的效率，进而在 MSVAR 模型框架下结合分区制的波动溢出关系对投资组合进行构建。前面章节我们介绍了均值—方差模型和均值—CVaR 模型的构建和模型重要参数的选取，为下面置信水平和样本数据的选取提供了理论支持，下面将运用具体模型来研究我国内地和香港地区各行业之间的资产配置。

9.3.7.1　数据说明

为了考察引入 CVaR 值是否能对马科维兹均值—方差模型起重要的优化作用，我们使用正态分布模拟法来生成收益率情形，这主要是为了迎合均值—方差模型收益率服从正态分布的前提假设要求，保证在用 CVaR 值替代方差来代表风险时保持其他设定基本一致。

本章的投资组合选取内地 10 个行业和香港地区 11 个行业的行业指数作为研究样本，样本区间的时间段从 2005 年 1 月 5 日开始，2021 年 12 月 2 日结束，共 17 年，即 3767 天数据。此外，本章在构建投资组合时，将 2014 年 11 月 14 日即沪港通开通的时间作为分割点，选用沪港通开通后样本区间。同时，选取 95% 的置信水平，这一中等的置信水平倾向于风险中性的投资者角度，既不是风险的偏好者也不是风险的厌恶者。最后，以相同的方法分别对内地市场 10 个行业和香港地区市场 11 个行业构建投资组合，并对比两个市场的投资组合，以此判断在构建投资组合时加入香港地区行业是否会对内地行业组合产生增益效果。

选取的 10 个内地行业和 11 个香港地区行业如表 9-11 所示。

表 9-11　内地和香港地区 21 个行业信息

代码	行业名称（内地）	代码	行业名称（香港地区）
SH1	中证全指能源	HK1	恒生能源
SH2	中证全指原材料	HK2	恒生原材料
SH3	中证全指工业	HK3	恒生工业
SH4	中证全指可选消费	HK4	恒生非必需消费
SH5	中证全指主要消费	HK5	恒生必需消费
SH6	中证全指医疗卫生	HK6	恒生医疗保健
SH7	中证全指金融地产	HK7	恒生金融
SH8	中证全指信息技术	HK8	恒生资讯科技
SH9	中证全指电信	HK9	恒生电讯
SH10	中证全指公用事业	HK10	恒生公用事业
		HK11	恒生地产建筑

注：SH 和 HK 分别代表沪市和港市，则 SH1 和 HK1 分别为沪市和港市行业 1，即中证能源和港市能源；其他类推。

9.3.7.2　CVaR 的优化及香港地区对内地行业组合的增益分析（基于全样本区间）

关于 CVaR 值的优化效果，由图 9-3 可以发现，均值—方差模型有效前沿在均值—CVaR 模型的下面，说明加入 CVaR 值后确实对均值—方差模型起了一定的优化作用。同时，如图 9-3 所示，图中的均值—CVaR 模型在收益率处于万分之九左右，CVaR 值突然出现了较大程度的增幅，而均值—方差模型的这种转折点则是在万分之八，且均值—方差模型曲线的斜率相较于前者更加平坦。这也说明了 CVaR 的优化效果，即在均值—方差模型里加入 CVaR 值后，明显地削弱或延缓了大风险发生的概率。

关于香港地区行业对两市行业组合的增益效果，参考图 9-4 和图 9-5 可以发现，内地市场 10 个行业的投资组合每增加一个单位的收益值，CVaR 风险值的变化会更大，表现为在纵轴收益值一致的情况下横轴风险值的差异明显，这说明在构建投资组合时加入香港地区行业确实会对内地行业组合产生明显的增益效果。

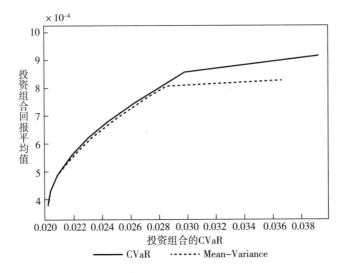

图 9-3 内地和香港地区市场 21 个行业投资组合的有效前沿

注：均值—方差有效前沿为浅黑色虚线；均值—CVaR 组合有效前沿为深黑色实线。

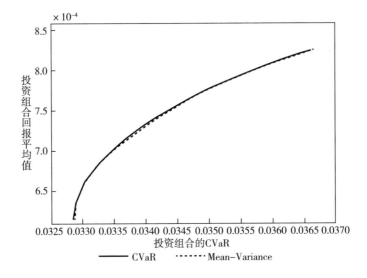

图 9-4 内地市场 10 个行业投资组合的有效前沿

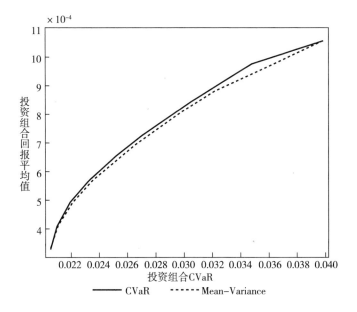

图 9-5   香港地区市场 11 个行业投资组合的有效前沿

9.3.7.3   构建投资组合（基于全样本区间）

我们在投资组合构建时，需要参考沪港行业的净溢出结果来调整和优化，删除行业风险净溢出量较大的行业风险驱动者。我们首先借助单区制的 DY 溢出指数方法和分区制（高低区制）的溢出指数方法，计算沪港各行业的净溢出指数，以便找到净溢出为正的行业，进而删除净溢出较大的行业来构建投资组合。表9-12 为沪港各行业的净溢出计算结果，作为后文构建投资组合的参考。

表 9-12   单区制、高风险区制和低风险区制下的净溢出结果

行业名称	行业代码	单区制	高区制	低区制
中证全指能源	SH1	−0.506	−22.747	−11.025
中证全指原材料	SH2	0.872	14.751	12.968
中证全指工业	SH3	1.077	24.7	29.997
中证全指可选消费	SH4	1.077	25.201	22.303
中证全指主要消费	SH5	0.351	5.497	−14.466
中证全指医疗卫生	SH6	−0.074	−0.679	−10.374

行业名称	行业代码	单区制	高区制	低区制
中证全指金融地产	SH7	−0.381	−19.007	−11.739
中证全指信息技术	SH8	0.099	12.207	0.321
中证全指电信	SH9	−0.165	5.798	−8.148
中证全指公用事业	SH10	0.366	9.724	−3.624
恒生非必需消费	HK1	1.174	37.5	5.654
恒生必需消费	HK2	−0.375	6.365	−6.622
恒生医疗保健	HK3	−2.017	−49.113	−0.159
恒生能源	HK4	−0.109	−7.031	−0.418
恒生原材料	HK5	−0.327	−21.116	−2.712
恒生工业	HK6	0.448	26.703	−3.712
恒生电讯	HK7	−1.467	−43.545	−6.065
恒生公用事业	HK8	−1.01	−29.706	−8.298
恒生金融	HK9	0.535	−0.071	10.953
恒生地产建筑	HK10	0.829	26.156	11.315
恒生资讯科技	HK11	−0.398	−1.587	−6.149

全样本为2005年1月5日至2021年12月2日，共约17年，即3767天行业指数数据。此外，基于前文研究，本章将选定均值—CVaR模型作为投资组合的基准模型，并且依旧选择使用正态分布模拟法来模拟收益情形，置信水平和情形数量（实验数量）分别依旧是95%和10000次，这么做的目的在于保持和前文一致，方便对比优劣。

表9-12给出的沪港两市各行业的净溢出结果显示，内地市场中，存在五个净风险溢出者行业，依次是可选消费、工业、原材料、主要消费和公用事业行业。其中，较为显眼的是可选消费行业、工业行业及原材料行业，它们作为国民经济体系中的基础性行业，对其他行业的风险溢出较为显著并且溢出的范围较大。例如，溢出范围和强度最大的可选消费行业，对信息技术行业、工业行业、医疗行业、主要消费行业和电讯行业五个行业都有着显著的风险溢出。此外，在剩余的五个净风险溢入者行业中，金融行业是风险净溢入最大的，但是在香港地

区市场金融行业却是净风险溢出者。

　　在构建投资组合时，我们提供了一种新的投资策略：根据全样本区间的风险溢出研究，选择剔除两地市场中净风险溢出最大的几个行业，这样可以在源头上抑制风险的外泄冲击；此外，考虑到双方市场相互溢出程度是不均等的，即在单区制视角下香港地区对内地市场行业的风险溢出要高于内地对香港地区市场行业的溢出（多区制结论正好相反），因此单区制视角下剔除香港地区行业的数量要多于内地的（多区制是剔除内地的多于香港地区的）。最后，将剔除后剩余的行业使用均值—CVaR 模型来构建组合。

　　下面，我们将首先分析投资组合在剔除前后的效果。根据全样本单区制视角下风险溢出研究，我们发现工业和可选消费行业是内地市场净溢出最大的行业，非必需品消费、金融及地产行业是香港地区市场的净溢出最大的行业，在剔除这 5 个后剩余 16 个行业。此外，选择剔除内地 2 个行业、香港地区 3 个行业，而不是其他比例的数量，如内地 3 个、香港地区 4 个或者其他，原因在于两地市场 21 个行业中的一半是净风险溢出行业（10 个左右），本章选择剔除其中 5 个也是考虑到剩余的那 5 个净风险溢出较小的原因。后面，我们会剔除不同比例数量的行业来测试结论的可靠性。

　　通过对比图 9-6 和图 9-7 发现，剔除各自市场中净风险溢出最大的几个行业后，投资组合有了明显的改良和优化。一方面，通过保持横轴风险值一致的情况下，组合纵轴的收益值更大了；另一方面，未剔除前的投资组合在万分之八点五出现了一个明显的转折点，表现为横轴风险值突然大幅度增幅，然而在剔除各自市场净风险溢出最大的行业后，这个转折点向后推移到了千分之一处，且此时曲线的斜率更陡峭，这说明剔除后的组合削弱或延缓较大风险发生的概率和时间。

　　接下来，我们将进一步讨论参照不同区制结果来剔除不同行业后，投资组合是否存在差异，如剔除单区制的结果和剔除多区制的结果后是否存在差异。此外，由于多区制视角下内地对香港地区市场行业的风险溢出要高于香港地区对内地市场行业的溢出，此时剔除内地行业的数量要多于香港地区的，该结论正好和单区制的相反，因此我们选择剔除内地市场 3 个行业、香港地区市场 2 个行业。

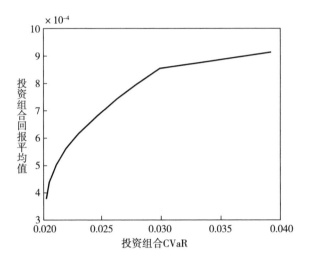

图9-6　未剔除较大风险净溢出行业的沪港行业投资组合的有效前沿（全样本）

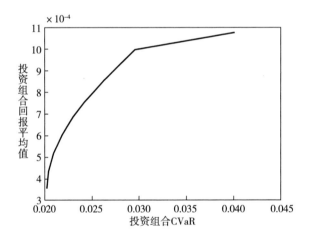

图9-7　剔除单区制下较大风险净溢出行业后的沪港行业投资组合的有效前沿（全样本）

根据全样本动荡时期的风险溢出研究，在剔除内地市场中最大的可选消费、工业及原材料行业，香港地区市场中最大的非必需消费行业和工业之后还剩余16个行业。根据全样本平稳时期的风险溢出研究，在剔除内地市场中最大的可选消费、工业及原材料行业，香港地区市场中最大的金融和地产行业之后还剩余16个行业。

首先，无论是剔除单区制的结果还是多区制的结果，剔除后的投资组合都出现了明显的优化。

其次，对比单区制和多区制的结果，也就是分别对比图 9-7 和图 9-8、图 9-7 和图 9-9，我们发现相较于单区制，在剔除多区制结果后的投资组合优化效果更佳，表现为在保持横轴风险值一致的情况下，纵轴的收益值更大，其中最为显著的是剔除动荡时期结果后的投资组合最佳，其曲线线条更加流畅，并没有出现突然性的风险大幅度增幅。

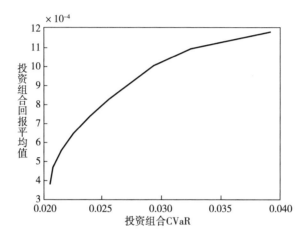

图 9-8　剔除高区制下较大风险净溢出行业后的沪港行业投资组合的有效前沿（全样本）

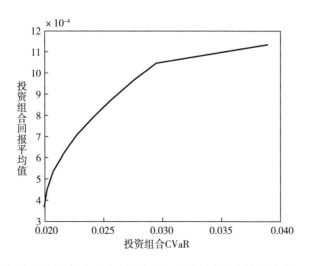

图 9-9　剔除低区制下较大风险净溢出行业后的投资组合的有效前沿（全样本）

最后，对比动荡时期和平稳时期的结果，我们发现图9-8和图9-9前期基本上一致，甚至剔除平稳时期结果的图9-9要略微优于剔除动荡时期的图9-8，但是在千分之一前后，它却出现较为明显的突然性较大幅度的增幅，然而剔除动荡时期结果后的投资组合却没有，其曲线线条更加流畅，并没有出现突然性的风险大幅度增幅。

综上分析可以看出，相较于单区制，剔除多区制结果后的投资组合效果更佳，究其原因可能在于多区制视角下对风险的敏感程度更高，在剔除多区制的结果后，投资组合的风险会更小更可控。同时，同属于多区制，相较于平稳时期，在动荡时期样本下的风险溢出会更加明显，对风险更加敏感，更能捕捉到双方市场中突变性大风险，因此在剔除动荡时期各自市场溢出最大的行业后，该组合可以更加有效地抑制风险地外泄。

9.3.7.4 分样本构建沪港行业投资组合（基于沪港通前后分样本）

沪港通的开通极大促进了内地和香港地区市场一体化的进程，同时风险溢出也出现了明显的增强，沪港通开通后需要更加注重对风险的监控，因此我们将以2014年11月14日作为样本分割点，将沪港通开通前后的行业指数作为研究对象。

通过前一小节的分析发现，在多区制和单区制中，剔除动荡时期结果后的投资组合最佳，那么接下来我们将选用动荡时期的结果作为剔除行业的参考对象。此外，前文考虑到两地市场相互溢出是不均等的，选择剔除了全样本动荡时期内地3个、香港地区2个行业，那么接下来为了验证结论的可靠性，我们将剔除不同比例数量的行业，即剔除开通后动荡时期内地4个和香港地区1个净溢出最大的行业，具体为内地市场的工业、可选消费、主要消费及电讯行业，香港地区市场的非必需消费品行业。

沪港通的开通会促成内地和香港地区的市场一体化。随着一体化的加深，内地和香港地区市场之间的风险溢出不断加强，呈现出来的效果如图9-10和图9-11所示，沪港通开通前的投资组合显然要优于开通后的，开通前的投资组合在同收益的条件下风险值更小，且效果十分明显。

那么，接下来我们选择剔除开通后动荡时期的结果（见图9-12），以此来优化沪港通开通后的投资组合。通过与开通前图9-10对比，图9-12的最大亮点在

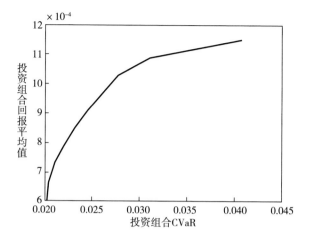

图 9-10　未剔除较大风险净溢出行业的沪港行业投资组合的有效前沿（沪港通之前）

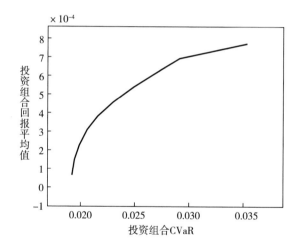

图 9-11　未剔除较大风险净溢出行业的沪港行业投资组合的有效前沿（沪港通之后）

于消除了突发性大风险的发生，如开通前图 9-10 曲线在万分之十一前后出现一个转折点，但图 9-12 中的曲线并没有出现这种情况。虽然在整体效果上还未达到开通前的投资组合，但考虑到沪港通前后样本区间存在较大差异，剔除后的组合确实有了较大程度的优化和改良。

　　表 9-14 是剔除最大净风险溢出行业后投资组合的权重分布情况。与表 9-13 对比可以清晰地看出，香港地区市场的公用事业占比从一开始的超过 60% 到后来

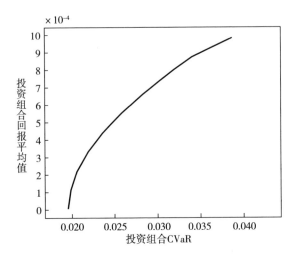

图 9-12　剔除高区制下较大风险净溢出行业的沪港行业投资组合的有效前沿（沪港通之后）

的 40% 左右，始终保持者较高的占比，是投资组合的重要组成部分。究其原因可能在于，公用事业行业是影响人民大众基本生活质量、反映社会进步的重要行业，如水、电、煤等行业，其重要的地位便赋予了政府介入的理由。香港公用事业行业的特点在于尽可能地商业化运作，如中华电力、港灯电力和中华煤气等都是一些股份制有限公司，它们都是政府赋予公司专营权，有着透明严格的法规条例监督，高效公平的竞争环境和公众媒体的有效监督使其在控制风险的情况下利益最大化，这也就是其占比大的原因所在。

表 9-13　未剔除较大风险净溢出行业的投资组合的权重分布（沪港通之后）

行业名称	W1	W2	W3	W4	W5
中证全指能源	0	0	0	0	0
中证全指原材料	0	0	0	0	0
中证全指工业	0	0	0	0	0
中证全指可选消费	0	0	0	0	0
中证全指主要消费	0	0.070	0.139	0.206	0.276
中证全指医疗	0.0508	0.024	0	0	0
中证全指金融地产	0.0473	0.055	0.043	0.019	0
中证全指信息技术	0	0	0	0	0
中证全指电信	0	0	0	0	0

续表

行业名称	W1	W2	W3	W4	W5
中证全指公用事业	0.021	0.019	0.210	0.016	0
恒生非必需消费	0	0	0	0	0
恒生必需消费	0.0817	0.048	0	0	0
恒生医疗	0	0	0	0	0
恒生能源	0	0	0	0	0
恒生原材料	0	0	0	0	0
恒生工业	0	0	0	0	0
恒生电讯	0.158	0.09	0.04	0	0
恒生公用事业	0.642	0.675	0.706	0.665	0.573
恒生金融	0	0	0	0	0
恒生地产	0	0	0	0	0
恒生资讯科技	0	0.020	0.055	0.094	0.151

表 9-14 剔除较大风险净溢出行业的投资组合的权重分布（沪港通之后）

行业名称	W1	W2	W3	W4	W5
中证全指能源	0	0	0	0	0
中证全指原材料	0	0	0	0	0.019
中证全指医疗	0.049	0.078	0.083	0.105	0.113
中证全指金融地产	0.078	0.116	0.136	0.127	0.128
中证全指信息技术	0	0	0	0	0
中证全指公用事业	0.018	0	0	0	0
恒生必需消费	0.060	0.050	0.013	0	0
恒生医疗	0	0	0	0	0
恒生能源	0	0	0	0	0
恒生原材料	0	0	0	0	0
恒生工业	0	0	0	0	0
恒生电讯	0.157	0.066	0	0	0
恒生公用事业	0.638	0.640	0.637	0.531	0.406
恒生金融	0	0	0	0	0
恒生地产	0	0	0	0	0
恒生资讯科技	0	0.051	0.131	0.237	0.334

此外，还有内地的地产金融和医疗行业、香港地区的信息科技和必需消费品行业。其中，内地地产金融行业和香港地区信息科技行业占比高，原因可能在于

近些年电子科技一直在迅猛发展。此外,在沪港通开通后,内地市场大致是通过香港地区市场的主要消费、医疗和原材料行业将风险传递到香港地区市场,组合中加入主要消费行业可以在一定程度上连接内地和香港地区,分散内地市场的风险冲击,降低投资组合的风险。

最后,我们发现表9-14和表9-13所列的投资组合的资产组成基本一致,由此也可以看出剔除净风险溢出最大的几个行业确实能够起同收益的条件下最小化风险的作用。此外,投资组合所选择的行业基本上都是一些净风险溢入者行业,如香港地区的公用事业行业、电讯行业和必需消费品行业,内地的金融地产行业,这些都是排名前列的净风险溢入较大的行业。

9.4 本章小结

本章首先从定义、对象、测度与方法、影响因素等多个方面对系统性金融风险进行了考察和研究,归纳得出主要结论如下:

在定义上,系统性金融风险是指同时对多个市场参与者产生严重冲击,在整个金融系统中扩散的风险。迄今为止,尽管系统性金融风险的准确范畴仍未达成一致,但是通过回顾文献中关于系统性风险的定义,发现其重要特征为:单个金融机构、金融市场所面临的变动、冲击乃至遭受的损失,向金融系统中的其他机构、其他市场迅速传递。这意味着,防控系统性风险对于维持金融稳定、促进经济高质量发展至关重要。

在研究对象上,金融系统性风险的研究对象可主要分为行业对象、市场对象、宏观对象三类。其中,"行业对象"包含对各类金融行业与非金融行业的研究。金融行业研究对象一般包括银行业、证券业、保险业和房地产业。非金融行业研究对象包括消费、材料等传统部门和信息技术、电子通信服务与能源等新兴行业。行业之间的系统性风险溢出、传染效应和收益或波动的联动性风险、系统重要性金融机构也是"金融行业对象"的重要话题。"市场对象"集中于对金融主体在债券市场、股票市场、加密货币市场、大宗商品市场、整体金融市场的系统性风险研究。大多数文献集中在对股票市场的研究。研究债券市场金融系统性风险的文献主要研究关于债券衍生品信用违约掉期、银行借贷供给与应急可转债。同时，加密货币与整体金融市场也在日益得到更多关注。此外，以整体金融市场作为研究对象的文献往往涉及金融整体市场与单个金融机构的风险关联以及市场之间的风险溢出和传染等重要子研究对象。宏观对象主要可分为金融工具、监管机构、宏观环境三类，利率等宏观指标对系统性金融风险有重大影响。

在度量方法与指标上，固定效应面板回归、风险因子法、GARCH 模型、方差分解网络、网络模型、Copula 模型等研究方法被多次使用，常用的系统性风险度量指标包括 SRISK、CoVAR、SES、ΔCoVAR、MES 等。

在影响因素上，内部驱动因素、外部驱动因素等对于金融系统的局部及宏观金融系统的风险都有较为显著的影响。因而，加强这些主要驱动因素对于金融系统性风险的防范与监管、加强个体公司治理、财务风险防范、资本结构调整等较为重要。尽管气候风险、金融科技仍为新兴领域，学术界的研究相对较少，并且在部分影响结果方面并未达成共识，但其对于金融系统性风险也有较大影响，不容忽视。另外，也需看到类似新冠疫情、"黑天鹅"事件也会对金融系统性风险造成较大损害。

进一步地，本章考察了沪港 21 个行业的投资组合问题。首先，我们发现均值—方差模型在引入 CVaR 风险值后起了改良优化的作用，呈现出在同收益的条件下风险值更小的优势。同时，通过对比两个市场的投资组合和单个市场的投资组合发现，在构建投资组合时，加入香港地区行业确实会对内地行业的投资组合产生明显增益效果，但是加入内地行业后对香港地区行业的投资组合产生的增益效果不存在。

其次，将均值—CVaR 模型作为基准模型，通过剔除各自市场中净溢出最大的几个行业来构建投资组合。研究发现，无论是剔除单区制下还是多区制下的若干主要的沪港股市风险驱动行业，剔除后的投资组合都出现了明显的优化。其中，剔除多区制（基于 MS-VAR 模型）下的驱动行业之后的投资组合效果更佳，剔除多区制动荡时期结果的投资组合最佳，究其原因在于在动荡时期样本下的风险溢出会更加明显，对风险更加敏感，更能捕捉到双方市场中突变性大风险，则在剔除动荡时期各自市场溢出最大的行业后，可以更加有效地抑制风险的外泄。

最后，使用剔除动荡时期结果的方法来研究沪港通开通前后，发现沪港通开通前的投资组合要远远好于开通后的，即使是使用剔除动荡时期结果的方法来优化开通后的投资组合，也仍旧赶不上开通前组合的效果，但有了明显的优化且能够消除组合中可能存在的突变性大风险。

附录　基于 VAR-GARCH 模型框架下的对冲与投资组合，WinRats 代码

* 基于 VAR-GARCH 模型框架下的对冲与投资组合

* 导入数据 Return1, Return2
*
dec vect[string] longlabel(3) shortlabel(3)
compute longlabel = ||"Return of SH" ,"Return of HK"||
compute shortlabel = ||"Return1" ,"Return2"||
*
system(model = VAR)
variables Return1 Return2
lags 1
det constant Return1 Return2
end(system)
estimate
*
GARCH(model = VAR, P = 1, Q = 1, MV = DCC, DIST = T, HMATRICES = hhxasym, $
ROBUST, PMETHOD = SIMPLEX, piters = 20, method = bfgs, iters = 500)

```
dec rect[series] hedges(%nvar,%nvar)
do i=1,%nvar
   do j=1,%nvar
      if i= =j
         next
      set hedges(i,j) = hhxasym(t)(i,j)/hhxasym(t)(i,i)
   end do j
end do i
 *
report(use=hreport,action=define, $
     title="Hedge ratio (long/short) summary statistics")
report(use=hreport,atrow=1,atcol=2,align=center) $
     "Mean" "St Dev" "Min" "Max"
do i=1,%nvar
   do j=1,%nvar
      if i= =j
         next
      stats(noprint,fract) hedges(i,j)
      report(use=hreport,row=new,atcol=1) $
          shortlabel(i)+"/"+shortlabel(j) $
            %mean sqrt(%variance) %minimum %maximum
   end do j
end do i
report(use=hreport,atcol=2,atrow=2,action=format, $
        align=decimal,picture=" *.###")
report(use=hreport,action=show)
 *
dec rect[series] weights(%nvar,%nvar)
do i=1,%nvar
```

```
    do j = 1,%nvar
        if i = = j
            next
        set weights( i,j) = $
            ( hhxasym( t)( j,j) −hhxasym( t)( i,j))/( hhxasym( t)( i,i) −2 * hhx-
asym( t)( i,j) +hhxasym( t)( j,j))
            *
        set weights( i,j) = %min( 1. 0,%max( 0. 0,weights( i,j)))
            *
    end do j
end do i


report( use = wreport,action = define, $
    title = " Portfolio weights summary statistics" )
report( use = wreport,atrow = 1,atcol = 2,align = center) $
    " Mean" " St Dev" " Min" " Max"
do i = 1,%nvar
    do j = i+1,%nvar
        stats( noprint,fract) weights( i,j)
        report( use = wreport,row = new,atcol = 1) $
            shortlabel( i) +" /" +shortlabel( j) $
            %mean sqrt( %variance) %minimum %maximum
    end do j
end do i
report( use = wreport,action = format,atcol = 2,atrow = 2, $
    picture = " * . ###" ,align = decimal)
report( use = wreport,action = show)
    *
```

参考文献

[1] 安起光，徐伟栋，李青召．金融科技发展对金融机构系统性风险的影响——基于时变视角的实证研究 [J]．数理统计与管理，2023，42（3）：556-570.

[2] 白鹤祥，刘社芳，罗小伟，等．基于房地产市场的我国系统性金融风险测度与预警研究 [J]．金融研究，2020，482（8）：54-73.

[3] 陈建青，王擎，许韶辉．金融行业间的系统性金融风险溢出效应研究 [J]．数量经济技术经济研究，2015，32（9）：89-100.

[4] 陈昆亭，周炎．防范化解系统性金融风险——西方金融经济周期理论货币政策规则分析 [J]．中国社会科学，2020，299（11）：192-203.

[5] 陈王，魏宇，淳伟德，等．中国股市与周边股市波动风险传导效应研究 [J]．中国管理科学，2011（6）：31-39.

[6] 崔金鑫，邹辉文．中国股市行业间高阶矩风险溢出效应研究 [J]．系统科学与数学，2020，40（7）：1178-1204.

[7] 董晓林，吴之伟，陈秋月．金融科技发展对商业银行风险防控的影响——基于中国 176 家商业银行的实证分析 [J]．江苏社会科学，2023，326（1）：84-94+242-243.

[8] 方艳，贺学会，刘凌，等．"沪港通"实现了我国资本市场国际化的初衷吗？——基于多重结构断点和 t-Copula-aDCC-GARCH 模型的实证分析 [J]．国际金融研究，2016（11）：76-86.

[9] 方意，荆中博．外部冲击下系统性金融风险的生成机制 [J]．管理世界，2022，38（5）：19-46+71.

[10] 冯永琦，段晓航．"沪港通"对沪港股市联动效应的影响 [J]．经济体制改革，2016（2）：143-147.

[11] 高睿, 王营, 曹廷求. 气候变化与宏观金融风险——来自全球 58 个代表性国家的证据 [J]. 南开经济研究, 2022, 225 (3): 3-20.

[12] 宫晓莉, 熊熊, 张维. 我国金融机构系统性风险度量与外溢效应研究 [J]. 管理世界, 2020, 36 (8): 65-83.

[13] 宫晓莉, 熊熊. 波动溢出网络视角的金融风险传染研究 [J]. 金融研究, 2020 (5): 39-58.

[14] 郭娜, 祁帆, 李金胜. 中国系统性金融风险度量与货币政策影响机制分析 [J]. 金融论坛, 2020, 25 (4): 49-60.

[15] 郭品, 程茂勇, 沈悦. 金融科技发展对银行系统性风险的影响: 理论机制与经验证据 [J]. 当代经济科学, 2023 (5): 1-17.

[16] 郭文伟, 王礼昱. 关联网络、风险溢出与重要系统性金融机构识别——基于市场、行业和机构的实证 [J]. 中央财经大学学报, 2019 (5): 33-48.

[17] 洪永淼, 成思危, 刘艳辉, 等. 中国股市与世界其他股市之间的大风险溢出效应 [J]. 经济学 (季刊), 2004 (2): 703-726.

[18] 胡思雨. 金融杠杆对区域金融系统性风险的影响机制及空间溢出效应研究 [D]. 苏州: 苏州科技大学, 2022.

[19] 黄昌利, 尚友芳, 刘向丽. 行业特征、实体经济与金融业风险溢出 [J]. 宏观经济研究, 2021 (3): 5-24+110.

[20] 姬强, 赵万里, 张大永, 等. 气候风险感知对金融市场的影响——基于中国企业层面的微观证据 [J]. 计量经济学报, 2022, 2 (3): 666-680.

[21] 贾楠. 中国互联网金融对银行业风险影响及其系统性风险度量研究 [J]. 经济问题探索, 2018 (4): 145-157.

[22] 蒋彧, 张玖瑜. 中国与世界主要股市间的波动溢出效应研究——基于 2002-2017 年样本的实证检验 [J]. 中国经济问题, 2019 (6): 28-43.

[23] 李岸, 陈美林, 乔海曙. 中国对发达国家与金砖国家股市波动溢出效应研究 [J]. 东岳论丛, 2016 (5): 76-85.

[24] 李珂娜, 郭娜. 气候变化损失冲击对银行业信用风险的影响效应研究——基于 2010-2019 年省级面板数据的实证分析 [J]. 华北金融, 2023 (4): 60-66.

[25] 李洋, 佟孟华, 褚翠翠. 经济政策不确定性与系统性金融风险传

染——基于中国上市金融机构微观数据的经验证据 [J]. 金融经济学研究, 2021, 36 (4): 31-47.

[26] 李月琪, 李丛文. 沪港股市联动与风险溢出效应研究——基于沪港通实施前后对比分析 [J]. 上海金融, 2017 (10): 70-80.

[27] 李政, 梁琪, 方意. 中国金融部门间系统性风险溢出的监测预警研究——基于下行和上行 ΔCoES 指标的实现与优化 [J]. 金融研究, 2019 (2): 40-58.

[28] 李政, 梁琪, 涂晓枫. 我国上市金融机构关联性研究——基于网络分析法 [J]. 金融研究, 2016 (8): 95-110.

[29] 李政, 刘淇, 梁琪. 基于经济金融关联网络的中国系统性风险防范研究 [J]. 统计研究, 2019, 36 (2): 23-37.

[30] 梁秋霞, 陈汉清, 宋翠竹. 房价异常波动与防范系统性金融风险关系的理论研究 [J]. 价格理论与实践, 2021, 441 (3): 62-65.

[31] 刘孟飞. 金融科技与商业银行系统性风险——基于对中国上市银行的实证研究 [J]. 武汉大学学报 (哲学社会科学版), 2021, 74 (2): 119-134.

[32] 刘荣茂, 刘恒昕. 沪港通对沪市股票市场有效性的影响 [J]. 经济与管理研究, 2015 (8): 54-62.

[33] 刘向丽, 顾舒婷. 房地产对金融体系风险溢出效应研究——基于 AR-GARCH-CoVaR 方法 [J]. 系统工程理论与实践, 2014, 34 (S1): 106-111.

[34] 路妍, 李爽. 美欧英日货币政策冲击对系统性金融风险的影响研究 [J]. 武汉金融, 2020 (11): 13-22.

[35] 马正宇, 秦放鸣. 气候变化对金融稳定的影响: 一个文献综述 [J]. 金融与经济, 2023, 546 (1): 15-25.

[36] 毛小丽, 王仁曾. 沪深股市与香港股市波动溢出效应研究 [J]. 价格理论与实践, 2018 (11): 91-94.

[37] 欧阳资生, 陈世丽, 杨希特. 突发公共卫生事件、经济政策不确定性与系统性金融风险 [J]. 云南财经大学学报, 2021, 37 (8): 57-67.

[38] 欧阳资生, 陈世丽, 杨希特. 突发公共卫生事件对系统性金融风险的冲击及传染效应研究 [J]. 高校应用数学学报 A 辑, 2022, 37 (1): 35-51.

[39] 欧阳资生, 莫廷程. 基于广义 CoVaR 模型的系统重要性银行的风险溢

出效应研究［J］. 统计研究，2017（9）：36-43.

［40］佘笑荷，艾蔚，袁芳英，等. 基于尾部相依视角的证券业系统性风险度量［J］. 统计与决策，2019，35（17）：162-165.

［41］沈悦，李朝前. 新冠肺炎疫情对中国系统性金融风险的影响［J］. 统计与信息论坛，2022，37（4）：59-72.

［42］宋鹭，赵莹瑜，方意. 影子银行、信托资金行业投向与系统性风险［J］. 国际金融研究，2022，422（6）：64-74.

［43］孙翎，张意琳，李捷瑜. 房地产业对金融机构的系统性风险溢出效应研究——基于行业与企业综合视角的实证分析［J］. 南方经济，2019（12）：33-48.

［44］谭中明，夏琦. 我国系统性金融风险与宏观经济波动关系：指标度量与动态影响研究［J］. 金融理论与实践，2020（3）：8-16.

［45］唐齐鸣，韩雪. 中国股市与国际股市联动效应的实证研究［J］. 工业技术经济，2009，28（1）：129-136.

［46］王丹，黄玮强. 基于波动溢出网络的我国金融机构系统重要性［J］. 系统工程，2018（8）：27-36.

［47］王辉，梁俊豪. 基于动态因子 Copula 模型的我国银行系统性风险度量［J］. 金融研究，2020（11）：58-75.

［48］王京滨，李博. 银行业务地理集中是否降低了金融风险？——基于中国城市商业银行微观数据的研究［J］. 管理世界，2021，37（5）：7+87-97+127.

［49］王茵田，文志瑛. 股票市场和债券市场的流动性溢出效应研究［J］. 金融研究，2010（3）：155-166.

［50］王竹泉，宋晓缤，王苑琢. 我国实体经济短期金融风险的评价与研判——存量与流量兼顾的短期财务风险综合评估与预警［J］. 管理世界，2020，36（10）：156-170+216-222.

［51］闻岳春，王婕，程天笑. 国内股市与国际股市、大宗商品市场的溢出效应研究［J］. 国际金融研究，2015（8）：31-43.

［52］吴光磊，吴小太，王斌. 新冠肺炎疫情对我国系统性金融风险的影响分析——基于金融压力指数与组合模型［J］. 管理现代化，2021，41（2）：103-107.

［53］吴世农，潘越. 香港红筹股、H 股与内地股市的协整关系和引导关系

研究 [J]. 管理学报，2005，2（21）：190-199.

[54] 谢福座. 基于 CoVaR 方法的金融风险溢出效应研究 [J]. 金融发展研究，2010（6）：59-63.

[55] 徐晓光，廖文欣，郑尊信. 沪港通背景下行业间波动溢出效应及形成机理 [J]. 数量经济技术经济研究，2017，34（3）：112-127.

[56] 徐晓光，余博文，郑尊信. 内地股市与香港股市融合动态分析——基于沪港通视角 [J]. 证券市场导报，2015（10）：61-66.

[57] 薛怀秀. 我国金融行业系统性风险度量与溢出效应研究 [D]. 南京：南京财经大学，2020.

[58] 闫红蕾，赵胜民. 沪港通能否促进 A 股与香港股票市场一体化 [J]. 中国管理科学，2016（11）：1-10.

[59] 严佳佳，郭玮，黄文彬. "沪港通"公告效应比较研究 [J]. 经济学动态，2015（12）：69-77.

[60] 严伟祥，张维，牛华伟. 金融风险动态相关与风险溢出异质性研究 [J]. 财贸经济，2017，38（10）：67-81.

[61] 杨继平，陈晓暄，张春会. 中国沪深股市结构性波动的政策性影响因素 [J]. 中国管理科学，2012，20（6）：43-51.

[62] 杨小玄，王一飞. 我国系统性风险度量指标构建及预警能力分析——基于混频数据动态因子模型 [J]. 南方金融，2019（6）：3-15.

[63] 杨晓光，王云. 系统性金融风险再认知 [J]. 系统管理学报，2022，31（6）：1190-1203.

[64] 杨子晖，陈雨恬，陈里璇. 极端金融风险的有效测度与非线性传染 [J]. 经济研究，2019，54（5）：63-80.

[65] 杨子晖，戴志颖. 中国上下行风险的非对称溢出冲击研究——基于高频数据合成网络的分析 [J]. 中国工业经济，2023，420（3）：77-95.

[66] 杨子晖，王姝黛. 行业间下行风险的非对称传染：来自区间转换模型的新证据 [J]. 世界经济，2020，43（6）：28-51.

[67] 杨子晖. 系统性金融风险文献综述：现状、发展与展望 [J]. 金融研究，2022，499（1）：185-206.

［68］姚世斌，潘艳．"沪港通"股指双向波动溢出效应研究［J］．价格理论与实践，2016（4）：133-136.

［69］叶陈云，叶陈刚，李享．国家审计化解系统性金融风险的核心功能、约束因素与治理路径研究——基于双向战略协同视角的理论分析［J］．财会通讯，2023（11）：13-19+109.

［70］叶五一，谭轲祺，缪柏其．基于动态因子 Copula 模型的行业间系统性风险分析［J］．中国管理科学，2018，26（3）：1-12.

［71］袁鲲，段军山，沈振宇．股权分置改革、监管战略与中国股市波动性突变［J］．金融研究，2014（6）：162-176.

［72］曾裕峰，简志宏，彭伟．中国金融业不同板块间风险传导的非对称性研究——基于非对称 MVMQ-CAViaR 模型的实证分析［J］．中国管理科学，2017（8）：58-67.

［73］曾志坚，徐迪，谢赤．金融危机影响下证券市场联动效应研究［J］．管理评论，2009，2（2）：33-39+91.

［74］曾珠．"沪港通"、"深港通"与中国资本市场国际化［J］．技术经济与管理研究，2015（10）：63-66.

［75］张艾莲，靳雨佳．金融子市场的系统性风险溢出效应［J］．财经科学，2018（10）：1-11.

［76］张飞鹏，徐一雄，邹胜轩，等．基于 LGCNET 多层网络的中国 A 股上市公司系统性风险度量［J］．中国管理科学，2022，30（12）：13-25.

［77］张良贵，石柱鲜．我国股市行业间的收益与波动溢出效应研究——基于 VAR 模型构造溢出指数［J］．金融理论与实践，2011（6）：3-6.

［78］张晓玫，毛亚琪．我国上市商业银行系统性风险与非利息收入研究——基于 LRMES 方法的创新探讨［J］．国际金融研究，2014，331（11）：23-35.

［79］张宗新，陈莹．系统性金融风险动态测度与跨部门网络溢出效应研究［J］．国际金融研究，2022，417（1）：72-84.

［80］赵虎林．我国系统性金融风险的跨市场传染效应研究［J］．统计与决策，2023（11）：150-155.

［81］赵林海，陈名智．金融机构系统性风险溢出和系统性风险贡献——基

于滚动窗口动态 Copula 模型双时变相依视角 [J]. 中国管理科学, 2021, 29 (7): 71-83.

[82] 赵留彦, 王一鸣. A、B 股之间的信息流动与波动溢出 [J]. 金融研究, 2003 (10): 37-52.

[83] 赵胜民, 闫红蕾. 内地与香港股票市场的一体化进程研究 [J]. 中国经济问题, 2016 (1): 124-135.

[84] 郑挺国, 刘堂勇. 股市波动溢出效应及其影响因素分析 [J]. 经济学 (季刊), 2018 (2): 669-692.

[85] 周开国, 杨海生, 伍颖华. 中国香港股票市场的溢出效应和收益引导角色——基于亚太地区股票市场的分析 [J]. 管理科学学报, 2018 (5): 22-43.

[86] 周天芸, 杨子晖, 余洁宜. 机构关联、风险溢出与中国金融系统性风险 [J]. 统计研究, 2014 (11): 43-49.

[87] 邹奕格, 粟芳. 保险公司的角色及影响因素分析——基于投资风险引致系统性风险的过程 [J]. 中央财经大学学报, 2022, 414 (2): 27-40+77.

[88] Acharya V V, Engle R F, Richardson M. Capital Shortfall: A New Approach to Ranking and Regulating Systemic Risks [J]. American Economic Review, 2012, 102 (3): 59-64.

[89] Acharya V V, Pedersen L H, Philippon T, et al. Measuring Systemic Risk [J]. Review of Financial Studies, 2017, 30 (1): 2-47.

[90] Addo K A, Hussain N, Iqbal J, et al. Corporate Governance and Banking Systemic Risk: A Test of the Bundling Hypothesis [J]. Journal of International Money and Finance, 2021, 115 (C).

[91] Adrian T, Brunnermeier M K. CoVaR [R]. Fed Reserve Bank of New York Staff Report, 2009.

[92] Adrian T, Brunnermeier M K. CoVaR [J]. American Economic Review, 2016, 106 (7): 1705-1741.

[93] Ahern K R, Harford J. The Importance of Industry Links in Merger Waves [J]. Journal of Finance, 2014, 69 (2): 527-576.

[94] Alizadeh S, Brandt M W, Diebold F X. Range-Based Estimation of Sto-

chastic Volatility Models [J]. Journal of Finance, 2002, 57 (3): 1047-1091.

[95] Allen L, Tang Y. What's the Contingency? A Proposal for Bank Contingent Capital Triggered by Systemic Risk [J]. Journal of Financial Stability, 2016, 6: 1-14.

[96] Altunba Y, Thornton J, Uymaz Y. The Effect of CEO Power on Bank Risk: Do Boards and Institutional Investors Matter? [J]. Finance Research Letters, 2020, 33.

[97] Andrea F, Fabio P, Alessandro S. Commodity Prices Co-movements and Financial Stability: A Multidimensional Visibility Nexus with Climate Conditions [J]. Journal of Financial Stability, 2021, 54.

[98] Anginer D, Yildizhan C. Is There a Distress Risk Anomaly? Pricing of Systematic Default Risk in the Cross Section of Equity Returns [R]. Policy Research Working Paper, 2010.

[99] Bai J, Perron P. Computation and Analysis of Multiple Structural Change Models [J]. Journal of Applied Econometrics, 2003, 18 (1): 1-22.

[100] Bai J, Perron P. Estimating and Testing Linear Models with Multiple Structural Changes [J]. Econometrica, 1998, 66 (1): 47-78.

[101] Balcilar M, Ozdemir Z A, Arslanturk Y. Economic Growth and Energy Consumption Causal Nexus Viewed through a Bootstrap Rolling Window [J]. Energy Economics, 2010, 32 (6): 1398-1410.

[102] Barndorff-Nielsen O E, Shephard N. Estimating Quadratic Variation Using Realized Variance [J]. Journal of Applied Econometrics, 2002, 17 (5): 457-477.

[103] Baruník J, Krehlík T. Measuring the Frequency Dynamics of Financial Connectedness and Systemic Risk [J]. Journal of Financial Econometrics, 2018, 16 (2): 271-296.

[104] Batten J A, Brzeszczynski J, Ciner C, et al. Price and Volatility Spillovers across the International Steam Coal Market [J]. Energy Economics, 2019, 77: 119-138.

[105] Battiston S, Jakubik P, Monasterolo I, et al. Climate Risk Assessment of the Sovereign Bond Portfolio of European Insurers [R]. EIOPA Financial Stability Report, December, 2019.

[106] Battiston S, Mandel A, Monasterolo I, et al. A Climate Stress-Test of the

Financial System [J]. Nature Climate Change, 2017, 7 (4): 283-288.

[107] Becker R, Enders W, Lee J. A Stationarity Test in the Presence of an Unknown Number of Smooth Breaks [J]. Journal of Time Series Analysis, 2006, 27 (3):381-409.

[108] Beine M, Candelon R. Liberlisation and Stock Market Co-movement between Emerging Economies [J]. Quantitative Finance, 2011, 11 (2): 299-312.

[109] Bekaert G, Harvey C R, Lundblad C. Political Risk Spreads [J]. Journal of International Business Studies, 2014, 45 (4): 471-493.

[110] Benoit S, Colliard J, Hurlin C, et al. Where the Risks Lie: A Survey on Systemic Risk [J]. Review of Finance, 2017, 21 (1): 109-152.

[111] BenSaïda A, Litimi H, Abdallah O. Volatility Spillover Shifts in Global Financial Markets [J]. Economic Modelling, 2018, 73: 343-353.

[112] Billio M, Getmansky M, Lo A W, et al. Econometric Measures of Connectedness and Systemic Risk in the Finance and Insurance Sectors [J]. Journal of Financial Economics, 2012, 104 (3): 535-559.

[113] Bollerslev T, Wooldridge J M. Quasi-Maximum Likelihood Estimation and Inference in Dynamic Models with Time-Varying Covariances [J]. Econometric Reviews, 1992, 11 (1): 143-172.

[114] Borochin P, Rush S. Information Networks in the Financial Sector and Systemic Risk [J]. Journal of Banking & Finance, 2022, 134: 106327.

[115] Brownlees C, Engle R F. SRISK: A Conditional Capital Shortfall Measure of Systemic Risk [J]. Review of Financial Studies, 2017, 30 (1): 48-79.

[116] Brunnermeier M K, Rother S C, Schnabel I. Asset Price Bubbles and Systemic Risk [R]. Working Paper, 2019.

[117] Caceres-Santos J, Rodriguez-Martinez A, Caccioli F, et al. Systemic Risk and Other Interdependencies among Banks in Bolivia [J]. Latin American Journal of Central Banking, 2020, 1 (1-4): 100015.

[118] Caporin M, Fontini F, Panzica R. The Systemic Risk of US Oil and Natural Gas Companies [J]. Energy Economics, 2023, 121: 106650.

[119] Cerutti E, Claessens S, Ratnovski L. Global Liquidity and Cross-Border Bank Flows [J]. Journal of International Money and Finance, 2017, 74: 128-149.

[120] Charles A, Darné O. Volatility Persistence in Crude Oil Markets [J]. Energy Policy, 2014, 65 (1): 729-742.

[121] Chen L, Han Q, Qiao Z L, et al. Correlation Analysis and Systemic Risk Measurement of Regional, Financial and Global Stock Indices [J]. Physica A: Statistical Mechanics and Its Applications, 2020, 542 (C): 122653.

[122] Chen W, Mamon R, Xiong H, et al. How do Foreign Investors Affect China's Stock Return Volatility? Evidence from the Shanghai-Hong Kong Stock Connect Program [J]. Asia-Pacific Journal of Accounting & Economics, 2022, 31 (1): 1-24.

[123] Cheng M Y, Yang Q. Does Bank FinTech Reduce Credit Risk? Evidence from China [J]. Pacific-Basin Finance Journal, 2020, 63: 101398.

[124] Chiu W C, Pena J, Wang C W. Industry Characteristics and Financial Risk Contagion [J]. Journal of Banking & Finance, 2015, 50: 411-427.

[125] Curcio D, Gianfrancesco I, Vioto D. Climate Change and Financial Systemic Risk: Evidence from US Banks and Insurers [J]. Journal of Financial Stability, 2023, 66 (C): 101132.

[126] Das S R, Kalimipalli M, Nayak S. Banking Networks, Systemic Risk, and the Credit Cycle in Emerging Markets [J]. Journal of International Financial Markets, Institutions and Money, 2022, 80: 101633.

[127] Diebold F X, Yilmaz K. On the Network Topology of Variance Decompositions: Measuring the Connectedness of Financial Firms [J]. Journal of Econometrics, 2014, 182 (1): 119-134.

[128] Diebold F X, Yilmaz K. Better to Give than to Receive: Predictive Directional Measurement of Volatility Spillovers [J]. International Journal of Forecasting, 2012, 28 (1): 57-66.

[129] Diebold F X, Yilmaz K. Trans-Atlantic Equity Volatility Connectedness: U. S. and European Financial Institutions, 2004-2014 [J]. International Journal of Forecasting, 2016, 14 (1): 81-127.

［130］Doerr S, Schaz P. Geographic Diversification and Bank Lending during Crises［J］. Journal of Financial Economics, 2021, 140（3）: 768-788.

［131］Dolado J J, Lütkepohl H. Making Wald Tests Work for Cointegrated VAR Systems［J］. Econometric Reviews, 1996, 15（4）: 369-386.

［132］Drozdowska M I, Rogowicz K. Does the Choice of Monetary Policy Tool Matter for Systemic Risk? The Curious Case of Negative Interest Rates［J］. Journal of International Financial Markets, Institutions and Money, 2022, 79: 101608.

［133］Efron G. Bootstrap Methods: Another Look at the Jackknife［J］. Ann Stat, 1979, 7: 1-26.

［134］Elliott G, Rothenberg T, Stock J. Efficient Tests for an Autoregressive Unit Root［J］. Econometrica, 1996, 64（4）: 813-836.

［135］Enders W, Jones P. Grain Prices, Oil Prices, and Multiple Smooth Breaks in a VAR［J］. Studies Nonlinear Dynamic & Econometrics, 2016, 20（4）: 399-419.

［136］Enders W, Lee J. The Flexible Fourier Formand Dickey-Fuller Type Unit Root Tests［J］. Economics Letters, 2012, 117: 196-199.

［137］Engle R F, Kroner R F. Multivariate Simultaneous Generalized ARCH［J］. Econometric Theory, 1995（11）: 122-150.

［138］Engle R F, Ng V. Measuring and Testing the Impact of News on Volatility［J］. Journal of Finance, 1993, 48（5）: 1749-1778.

［139］EY. Global Real Estate Report［R］. Global REIT Markets, 2016.

［140］Filardo A J. Business-Cycle Phases and Their Transitional Dynamics［J］. Journal of Business & Economic Statistics, 1994, 12（3）: 299-308.

［141］Flori A, Pammolli F, Spelta A. Commodity Prices Co-Movements and Financial Stability: A Multidimensional Visibility Nexus with Climate Conditions［J］. Journal of Financial Stability, 2021, 54: 100876.

［142］Frankel J A, Saravelos G. Can Leading Indicators Assess Country Vulnerability? Evidence from the 2008-09 Global Financial Crisis［J］. Journal of International Economics, 2012, 87（2）: 216-231.

［143］Gallant A R. On the Bias in Flexible Functional Forms and an Essentially Unbiased Form: The Fourier Flexible Form [J]. Journal Econometrics, 1981, 15: 211-353.

[144] Garman M B, Klass M J. On the Estimation of Security Price Volatilities from Historical Data [J]. Journal of Business, 1980, 53 (1): 67-78.

[145] Gerhardt M, Ho C M. The Impact of Macroeconomic Factors on Systemic Liquidity Risk [J]. Journalof Banking & Finance, 2015, 53: 96-106.

[146] Geweke J, Meese R, Dent W. Comparing Alternative Tests of Causality in Temporal Systems [J]. Journal of Econometrics, 1982, 21: 161-194.

[147] Goetz M R, Laeven L, Levine R. Does the Geographic Expansion of Bank Assets Reduce Risk? [J]. Journal of Financial Economics, 2016, 120 (6): 346-362.

[148] Gong X L, Liu X H, Xiong X, et al. Financial Systemic Risk Measurement Based on Causal Network Connectedness Analysis [J]. International Review of Economics and Finance, 2019, 64 (C): 290-307.

[149] Gormus N A, Nazlioglu S, Soytas U. High-Yield Bond and Energy Markets [J]. Energy Economics, 2018, 69: 101-110.

[150] Granger C W J. Investigating Causal Relations by Econometric Models and Cross-Spectral Models [J]. Econometrica, 1969, 37: 424-438.

[151] Gross C, Siklos P. Analyzing Credit Risk Transmission to the Non-Financial Sector in Europe: A Network Approach [J]. Journal of Applied Econometrics, 2020, 35 (1): 61-81.

[152] Hacker R S, Hatemi-J A. Tests for Causality between Integrated Variables Using Asymptotic and Bootstrap Distributions: Theory and Application [J]. Applied Economics, 2006, 38 (13): 1489-1500.

[153] Hansen B. Testing for Parameter Instability in Linear Models [J]. Journal of Policy Modeling, 1992, 14: 517-533.

[154] Hatemi-J A. Export Performance and Economic Growth Nexus in Japan: A Bootstrap Approach [J]. Japan and the World Economy, 2002, 14: 25-33.

[155] Hillebrand E. Neglecting Parameter Changes in GARCH Models [J]. Journal of Econometrics, 2005, 129: 121-138.

[156] Hoesli M, Reka K. Volatility Spillovers, Comovements and Contagion in

Securitized Real Estate Markets [J]. The Journal of Real Estate Finance and Economics, 2013, 47 (1): 1-35.

[157] Hosking J R M. Equivalent Forms of the Multivariate Portmanteau Statistic [J]. Journal of the Royal Statistical Society: Series B (Methodological), 1981 (43): 261-262.

[158] Huo R, Ahmed A D. Return and Volatility Spillovers Effects: Evaluating the Impact of Shanghai-Hong Kong Stock Connect [J]. Economic Modelling, 2017 (61): 260-272.

[159] Härdle W K, Wang W, Yu L. TENET: Tail-Event Driven NETwork Risk [J]. Journal of Econometrics, 2016, 192 (2): 499-513.

[160] Inclan C, Tiao G C. Use of Cumulative Sums of Squares for Retrospective Detection of Changes of Variance [J]. Journal of the American Statistical Association, 1994 (89): 913-923.

[161] Jalan A, Matkovskyy R. Systemic Risks in the Cryptocurrency Market: Evidence from the FTX Collapse [J]. Finance Research Letters, 2023, 53: 103670.

[162] Jung H. CRISK: Measuring the Climate Risk Exposure of the Financial System [R]. Liberty Street Economics 20230420a, Federal Reserve Bank of New York, 2023.

[163] Kanga D, Soumaré I, Amenounvé E. Can Corporate Financing through the Stock Market Create Systemic Risk? Evidence from the BRVM Securities Market [J]. Emerging Markets Review, 2023, 55: 101031.

[164] Kapetanios G, Shin Y, Snell A. Testing for a Unit Root in Nonlinear STAR Framework [J]. Journal of Econometrics, 2003, 112 (2): 279-359.

[165] Kaufman G G, Scott K E. What is Systemic Risk, and Do Bank Regulators Retard or Contribute to It? [J]. Independent Review, 2003, 7 (3): 371-391.

[166] Khalfaoui R, Boutahar M, Boubaker H. Analyzing Volatility Spillovers and Hedging between Oil and Stock Markets: Evidence from Wavelet Analysis [J]. Energy Economics, 2015, 49 (3): 540-549.

[167] King M, Sentana A, Wadhwani S. Volatility and Links between National Stock Markets [J]. Econometrica, 1994 (62): 901-933.

[168] King M, Wadhani S. Transmission of Volatility between Stock Markets [J]. Review of Financial Studies, 1990, 3 (1): 5-33.

[169] Kroner K F, Sultan J. Time Dynamic Varying Distributions and Dynamic Hedging with Foreign Currency Futures [J]. Journal of Financial and Quantitative Analysis, 1993 (28): 535-551.

[170] Kroner K F, Ng V K. Modeling Asymmetric Comovementss of Asset Returns [J]. Review of Financial Studies, 1998, 11 (4): 817-844.

[171] Kund A, Petras M. Can CoCo-bonds Mitigate Systemic Risk? [J]. International Review of Financial Analysis, 2023, 89: 102686.

[172] Lamoureux C G, Lastrapes W D. Persistence in Variance, Structural Change and the GARCH Model [J]. Journal of Business and Economic Statistics, 1990, 8: 225-234.

[173] Lee J, Strazicich M. Minimum LM Unit Root Tests with Two Structural Breaks [J]. Review of Economics and Statistics, 2003, 85 (4): 1082-1089.

[174] Li Y, Chen S, Goodell J W, et al. Sectoral Spillovers and Systemic Risks [J]. Finance Research Letters, 2023, 55 (B): 104018.

[175] Lin W L. Impulse Response Function for Conditional Volatility in GARCH Models [J]. Journal of Business and Economic Statistics, 1997, 15: 15-25.

[176] Lin W S. Modeling Volatility Linkages between Shanghai and Hong Kong Stock Markets before and after the Connect Program [J]. Economic Modelling, 2017, 67: 346-354.

[177] Liu Q, Xu M X, Xiong J W. Will a Boom be Followed by Crash? A New Systemic Risk Measure Based on Right-Tail Risk [J]. Frontiers in Psychology, 2023, 13.

[178] Mantalos P. A Graphical Investigation of the Size and Power of the Granger-Causality Tests in Integrated-Cointegrated VAR Systems [J]. Studies in Nonlinear Dynamics & Econometrics, 2000, 4 (1): 17-33.

[179] Martens M, Poon S. Returns Synchronization and Daily Correlation Dynamics between International Stock Markets [J]. Journal of Banking and Finance, 2001, 25 (10): 1805-1827.

［180］McLemore P, Mihov A, Sanz L. Global Banks and Systemic Risk: The Dark Side of Country Financial Connectedness ［J］. Journal of International Money and Finance, 2022, 129: 102734.

［181］Morelli D, Vioto D. Assessing the Contribution of China's Financial Sectors to Systemic Risk ［J］. Journal of Financial Stability, 2020, 50: 100777.

［182］Nazlioglu S, Gormus N A, Soytas U. Oil Prices and Monetary Policy in Emerging Markets: Structural Shifts in Causal Linkages ［J］. Emerg Mark Financ Trade, 2019, 55 (1): 105-117.

［183］Nazlioglu S, Gormus N A, Soytas U. Oil Prices and Real Estate Investment Trusts (REITs): Gradual-Shift Causality and Volatility Transmission Analysis ［J］. Energy Economics, 2016, 60: 168-175.

［184］Nazlioglu S, Gupta R, Bouri E. Movements in International Bond Markets: The Role of Oil Prices ［J］. International Review of Economics & Finance, 2020, 68: 47-58.

［185］Ng S, Vogelsang T J. Analysis of Vector Autoregressions in the Presence of Shifts in Mean ［J］. Econometric Reviews, 2002, 21 (3): 353-381.

［186］Nyblom J. Testing for Constancy of Parameters over Time ［J］. Journal of American Statistical Association, 1989 (84): 223-230.

［187］Ouyang R, Chen X, Fang Y, et al. Systemic Risk of Commodity Markets: A Dynamic Factor Copula Approach ［J］. International Review of Financial Analysis, 2022, 82: 102204.

［188］Ozdemir Z A, Olgun H, Saracoglu B. Dynamic Linkages between the Center and Periphery in International Stock Markets ［J］. Research in International Business and Finance, 2009, 23 (1): 46-53.

［189］Pardo A, Torro H. Trading with Asymmetric Volatility Spillovers ［J］. Journal of Business Finance and Accounting, 2007, 34 (9-10): 1548-1568.

［190］Perron P. The Great Crash, the Oil Price Shock, and the Unit Root Hypothesis ［J］. Econometrica, 1989, 57: 1361-1401.

［191］Primiceri G E. Time Varying Structural Vector Autoregressions and Monetary Policy ［J］. The Review of Economic Studies, 2005, 72: 821-852.

[192] Rahman M L, Troster V, Uddin G S, et al. Systemic Risk Contribution of Banksand Non-Bank Financial Institutions across Frequencies: The Australian Experience [J]. International Review of Financial Analysis, 2022, 79: 101992.

[193] Rehman M U, Nisar S, Khattak N A, et al. Macroeconomic Factors and Bank Credit Risk: Empirical Evidence from Pakistan [J]. Journal of Risk and Financial Management, 2020, 13 (5): 107.

[194] Rizwan M S, Ahmad G, Ashraf D. Systemic Risk: The Impact of COVID-19 [J]. Finance Research Letters, 2020, 36: 101682.

[195] Rodrigues P, Taylor A M R. The Flexible Fourier Form and Local GLS de-Trending Unit Root Tests [J]. Oxford Bulletin Economics Statistics, 2012, 74 (5): 736-759.

[196] Ross S A. Information and Volatility: The No-Arbitrage Martingale Approach to Timing and Resolution Irrelevancy [J]. Journal of Finance, 1989 (44): 1-17.

[197] Sadorsky P. Modeling Volatility and Correlations between Emerging Market Stock Prices and the Prices of Copper, Oil and Wheat [J]. Energy Economics, 2014 (43): 72-81.

[198] Salisu F A, Demirer R, Gupta R. Financial Turbulence, Systemic Risk and the Predictability of Stock Market Volatility [J]. Global Finance Journal, 2022, 52: 100699.

[199] Sansó A, Aragó V, Carrion J L. Test for Changes in the Unconditional Variance of Financial Time Series [J]. Revista de Economí a Financiera, 2004 (4): 32-51.

[200] Silva C P, Machado M A V. Is Commonality in Liquidity a Priced Risk Factor? [J]. Revista de Administração Mackenzie, 2020, 21 (2).

[201] Silva T C, Alexandre M D S, Tabak B M. Bank Lending and Systemic Risk: A Financial-Real SectorNetwork Approach with Feedback [J]. Journal of Financial Stability, 2018, 38: 98-118.

[202] Sims C A, Stock J H, Watson M W. Inference in Linear Time Series Models with Some Unit Roots [J]. Econometrica, 1990, 58 (1): 113-144.

[203] Sims C A. Money, Income and Causality [J]. American Economic Review, 1972, 62: 540-552.

[204] Stulz R M. A Model of International Asset Pricing [J]. Journal of Finan-

cial Economics, 1981, 9 (4): 383-406.

[205] Sugimoto K, Matsuki T, Yoshida Y. The Global Financial Crisis: An Analysis of the Spillover Effectson African Stock Markets [J]. Emerging Markets Review, 2014, 21: 201-233.

[206] Tarjan R. Depth-First Search and Linear Graph Algorithms [J]. SIAM Journal on Computing, 1972, 1 (2): 146-160.

[207] Terasvirta T. Specification, Estimation, and Evaluation of Smooth Transition Autoregressive Models [J]. Journal of the American Statistical Association, 1994, 89 (425): 208-218.

[208] Teräsvirta T, Yang Y. Specification, Estimation and Evaluation of Vector Smooth Transition Autoregressive Models with Applications [R]. CREATES Research Papers 2014-08, Department of Economics and Business Economics, Aarhus University, 2014.

[209] Toda H Y, Yamamoto T. Statistical Inference in Vector Autoregression with Possibly Integrated Processes [J]. Journal of Econometrics, 1995, 66: 225-250.

[210] Van Oordt M, Zhou C. Systemic Risk and Bank Business Models [J]. Journal of Applied Econometrics, 2019, 34: 365-384.

[211] Ventosa-Santaulària D, Vera-Valdés J E. Granger-Causality in the Presence of Structural Breaks [J]. Economics Bulletin, 2008, 3 (61): 1-14.

[212] Walid M, Shawkat H, Duc K N, et al. Global Financial Crisis and Spillover Effects among the U. S. and BRICS Stock Markets [J]. International Review of Economics & Finance, 2016, 42 (3): 257-276.

[213] Wen F H, Weng K Y, Zhou W X. Measuring the Contribution of Chinese Financial Institutions to Systemic Risk: An Extended Asymmetric CoVaR Approach [J]. Risk Management, 2020, 22: 310-337.

[214] Xu Q F, Jin B, Jiang C X. Measuring Systemic Risk of the Chinese Banking Industry: A Wavelet-Based Quantile Regression Approach [J]. North American Journal of Economics and Finance, 2021, 55: 101354.

[215] Yang J, Bessler D A. Contagion around the October 1987 Stock Market Crash [J]. European Journal of Operational Research, 2008, 184 (1): 291-310.

［216］Yang J P, Chen X X, Zhang Ch. Policy Impact Factors on the Volatility of Shanghai and Shenzhen Stock Market in China ［J］. Chinese Journal of Management Scienc, 2012, 20 (6) : 43-51.

［217］Yarovaya L, Brzeszczyński J, Lau C K M. Intra-and Inter-Regional Return and Volatility Spillovers across Emerging and Developed Markets: Evidence from Stock Indices and Stock Index Futures ［J］. International Review of Financial Analysis, 2016, 43: 96-114.

［218］Yuan K, Duan J, Shen Zy. Reform of Non-Tradable Shares, Regulatory Strategy and Sudden Changes in Volatility of China Stock Markets ［J］. Journal of Financial Research, 2014 (6): 162-176.

［219］Zhang A L, Pan M M, Liu B, et al. Systemic Risk: The Coordination of Macro-Prudential and Monetary Policies in China ［J］. Economic Modeling, 2020, 93: 415-429.

［220］Zhang P, Lv Z X, Pei Z F, et al. Systemic Risk Spillover of Financial Institutions in China: A Copula-DCC-GARCH Approach ［J］. Journal of Engineering Research, 2023, 11 (2): 100078.

［221］Zhang P, Sha Y Z, Wang Y, et al. Capital Market Opening and Stock Price Crash Risk-Evidence from the Shanghai-Hong Kong Stock Connect and the Shenzhen-Hong Kong Stock Connect ［J］. Pacific-Basin Finance Journal, 2022, 76 (C): 101864.

［222］Zhao J S, Li X H, Yu C H, et al. Riding the FinTech Innovation Wave: FinTech, Patents and Bank Performance ［J］. Journal of International Money and Finance, 2022, 122: 102552.

［223］Zhao Y X, Xu W Q. Risk Measurement of China's Green Financial Market Based on B-Spline Quantile Regression ［J］. Heliyon, 2023, 9 (6) .

［224］Zhou X, Zhang W, Zhang J. Volatility Spillovers between the Chinese and World Equity Markets ［J］. Pacific-Basin Finance Journal, 2012, 20 (2): 247-270.

［225］Zivot E, Andrews W K. Further Evidence on the Great Crash, the Oil-Price Shock, and the Unit Root Hypothesis ［J］. Journal of Business & Economics Statistics, 1992, 10 (3): 251-270.